COMTE DE UGNY

SOUVENIRS
DU
SECOND EMPIRE
LA FIN D'UNE SOCIÉTÉ

DIXIÈME ÉDITION

PARIS
ERNEST KOLB, ÉDITEUR
8, RUE SAINT-JOSEPH, 8

Tous droits réservés.

SOUVENIRS

DU

SECOND EMPIRE

ÉMILE COLIN — IMPRIMERIE DE LAGNY

COMTE DE MAUGNY

SOUVENIRS
DU
SECOND EMPIRE

LA FIN D'UNE SOCIÉTÉ

PARIS
ERNEST KOLB, ÉDITEUR
8, RUE SAINT-JOSEPH, 8

Tous droits réservés

De nos jours, la mode est aux anniversaires. Chacun célèbre les siens avec plus ou moins de raison et d'à-propos et ce n'est un secret pour personne que l'Exposition qui vient de finir, dans la pensée de ses promoteurs, n'était pas autre chose qu'une solennité commémorative en vue de l'apothéose d'une date importante de notre histoire nationale.

C'est ce qui m'a donné l'idée de jeter un coup d'œil rétrospectif sur une époque beaucoup plus rapprochée de nous par le temps, mais déjà éloignée par le contraste saisissant qu'elle présente avec la société actuelle et qui m'a paru avoir, pour la jeune génération, un vif attrait de curiosité.

Tour à tour acteur et spectateur de la comédie parisienne à la fin du second Empire, mêlé au monde officiel par la situation que j'occupais au Cabinet du ministre des affaires étrangères non moins que par mes antécédents militaires, et au mouvement mondain par mes relations et mes goûts, placé à souhait, par conséquent, sinon pour juger et apprécier, du moins pour tout voir et bien voir, il me suffira, pour atteindre le but que je me propose, d'évoquer des souvenirs encore très présents à ma mémoire et de rassembler des notes prises au jour le jour.

En publiant ce journal, je n'ai d'autre

prétention que de mettre sous les yeux du lecteur, sans parti pris d'aucune sorte, la physionomie du Paris de 1869. Je ferai le récit anecdotique de ce qui se passait à la Cour et à la ville, à l'Académie et aux ambassades, dans les théâtres et dans les clubs. Je raconterai mes impressions, les conversations saisies au vol, les faits, les rumeurs et les anecdotes. J'essaierai de photographier, aussi exactement que possible et, ai-je besoin de l'ajouter? dans un esprit bienveillant, la scène, le spectacle et les interprètes. Mon seul mérite — si j'en ai un — sera de ne parler que de ce que je sais et de ne dire que ce que j'ai vu.

Comte de MAUGNY.

Paris, décembre 1889.

LA COUR

I

La cour de Napoléon III. — En quoi elle différait de celle de Louis-Philippe. — Goût de l'Empereur pour l'étiquette. — L'importance qu'il y attachait. — La maison de l'Empereur. — Son organisation et sa hiérarchie. — Les grands dignitaires. — Les charges secondaires. — Le drapeau parlementaire à Sedan. — La maison de l'Impératrice. — La maison du Prince impérial. — Marcel des *Huguenots*.

A la veille des événements de 1870, la Cour impériale n'avait rien perdu de son éclat. Malgré les nuages amoncelés à l'horizon et l'orage qui grondait sourdement au dehors, le calme, l'insouciance, l'aveuglement, la préoccupation dominante du luxe, de l'apparat et du plaisir semblaient régner au Palais — comme dans tout le brillant monde, du reste. En songeant à ce riant décor, derrière lequel se préparait la plus épouvantable et la plus soudaine des catastrophes, il est impossible de ne pas faire un rapprochement qui s'impose entre le déclin du règne de Napoléon III et les années qui ont précédé la grande Révolution.

En 1869 comme en 1788, c'est une société qui, sans s'en douter, est aux abois. C'est, quelques mois avant l'écroulement d'un édifice qui paraissait indestructible, le même cérémonial suranné, le même faste, les mêmes fêtes, la même gaité frivole et inconsciente; les mêmes charges de cour briguées avec le même empressement; les mêmes chambellans chamarrés de broderies, couverts de plaques et de grands cordons, qui bientôt doivent payer de l'exil, si ce n'est de la vie, leur éphémère splendeur. C'est le même culte passionné et enthousiaste pour une souveraine rayonnante de grâce et de beauté; la même animation fébrile dans ce château des Tuileries qui va être réduit en cendres; le même vertige au bord de l'abîme...

Depuis la chute de la branche aînée, il n'y avait pas eu, à proprement parler, de Cour en France. Celle de Louis-Philippe, roi constitutionnel et bourgeois, avait été modeste et pot-au-feu. La maison militaire en était le principal ornement.

L'Empereur, qui tenait de son oncle le goût de la pompe extérieure et de la représentation, et qui y attachait, comme lui, une très grande importance, voulut, au contraire, établir la sienne sur un pied fastueux, donnant du relief à sa puissance, et s'entourer de nombreux dignitaires. Il s'occupait des moindres détails de l'étiquette et, quoiqu'il fût pour son entourage d'une indulgence qui allait jusqu'à la faiblesse, se montrait fort mécontent chaque fois qu'on négligeait, par hasard, de s'y conformer scrupuleusement.

On croit rêver quand on se reporte, à l'heure qu'il est, à l'organisation de la maison de l'Empereur. Empruntée au premier Empire, avec sa hiérarchie compliquée, ses titres ronflants et magnifiques, son fonctionnement solennel et un peu théâtral, elle semble appartenir à un autre âge.

Il y avait un *Grand Aumônier* : Mgr Darboy, archevêque de Paris, destiné, hélas! à tomber, deux ans plus tard, sous les balles des fédérés; un *Grand Maréchal du Palais* : le maréchal Vaillant, qui avait un cousin chapelier rue de Rivoli et qui n'en rougissait point; un *Grand Chambellan* : le duc de Bassano, type accompli de distinction, de bienveillance et de politesse et qui paraissait avoir été créé pour les fonctions qu'il remplissait; un *Grand Ecuyer* : le général Fleury, sur lequel je reviendrai; un *Grand Veneur* : le prince de la Moskowa, général de division, homme de Cour et d'épée, beau cavalier, aimable, séduisant, très aimé au Jockey-Club, où il allait presque tous les jours, et l'un des deux ou trois familiers des Tuileries qui servaient de trait d'union entre le monde gouvernemental et le faubourg Saint-Germain; un *Grand Maître des cérémonies* : le duc de Cambacérès, personnellement très considéré et en possession d'une grande fortune qu'il regrettait de ne pouvoir laisser à un héritier de son nom — il songeait déjà à une adoption qui fut réalisée depuis, du reste; un *Surintendant des palais impériaux* : le général Le Pic, bourru bienfaisant et intelligent, serviteur dévoué, qui avait son franc parler avec son maître, et collectionneur passionné; un

Surintendant des spectacles de la Cour ; le vicomte de Laferrière, successeur estimé du comte Bacciochi, en qui la malignité publique n'avait voulu voir qu'une sorte d'intendant des menus plaisirs et à qui elle n'avait pas toujours épargné la moquerie et les quolibets ; un *Directeur de la musique de la Chapelle et de la Chambre :* M. Auber, le grand musicien qui faisait de la petite musique, au dire de Rossini ; quatre Chambellans : le vicomte d'Arjuzon, le comte d'Ayguevives, le vicomte du Manoir et le vicomte Olivier Walsh — les deux premiers seuls sont survivants et, Dieu merci, pleins de vie et de santé ; huit Ecuyers : M. Davillier, le boute-en-train le plus endiablé, le compagnon le plus joyeux que j'aie jamais rencontré, vivant aujourd'hui dans la retraite et le silence, ayant renoncé au monde, à ses pompes et à ses œuvres; M. Raimbeaux, qui, on se le rappelle, escortait l'Empereur de Russie, Alexandre II, le jour de l'attentat de Berezowski; le baron de Bourgoing, qui, après la guerre, devint député conservateur et eut son heure de célébrité; le marquis de Castelbajac, présentement marié et retiré dans ses terres, la séduction et le charme personnifiés, la coqueluche des salons d'alors.

A ces titulaires civils il faut ajouter quinze Aides de Camp, entre lesquels les plus connus étaient le général Le Bœuf, nommé, vers la fin de janvier, au commandement d'un corps d'armée et, par la suite, ministre de la guerre; l'amiral Jurien de la Gravière, à qui l'Académie vient d'ouvrir ses portes toutes grandes; le général Castelnau, un des officiers généraux les plus spirituels de l'armée et que sa mission confidentielle au

1.

Mexique avait mis en évidence; le général Pajol, ex-colonel des dragons de l'Impératrice et aussi résolument bonapartiste que son frère, général d'état-major très distingué et très apprécié, l'était peu. Puis, six officiers d'ordonnance, notamment le prince Charles Bonaparte, le comte Clary, tous deux, à des degrés divers, parents de l'Empereur, et M. Arthur de Lauriston. Ce dernier, à qui devait échoir en 1870 le pénible mandat de hisser, par ordre de l'Empereur, sur le clocher de Sedan, le drapeau parlementaire appelé à mettre fin au carnage de ces néfastes journées, avait été l'un des hommes les plus à la mode de Paris. Après avoir dispersé sa fortune à tous les vents de l'existence à grandes guides, il était monté un beau matin dans son cabriolet, irréprochable de correction et de chic, tiré à quatre épingles, comme s'il s'était agi d'une promenade au Bois, et il s'était transporté froidement à la gare de Lyon, où il s'embarquait à destination de l'Algérie pour s'y engager comme simple soldat. On ne le revit qu'au bout de dix ans, capitaine et officier d'ordonnance du Souverain.

Je ne mentionnerai que pour mémoire les charges secondaires telles que les maréchaux des logis du Palais, les maîtres des cérémonies, les capitaines des chasses et le cabinet de l'Empereur, qui avait pour chef M. Conti.

La maison de l'Impératrice, moins nombreuse et moins surchargée de hauts dignitaires, était aussi très resplendissante.

Naturellement l'élément féminin y dominait. Elle se composait d'abord d'une *Grande Maîtresse* : la princesse d'Essling, passée, depuis plusieurs années, de vie à trépas; d'une *Dame d'honneur*: la comtesse Walewska, une des femmes les plus captivantes, les plus belles et, à coup sûr, la grande dame la plus influente et la plus adulée de la Cour de Napoléon III; elle a échangé toutes ces grandeurs contre un nom modeste, une position de fortune à l'avenant, et elle est restée bienveillante, douce, aimable et souriante comme si elle n'avait pas à se plaindre des rigueurs du sort. Venaient ensuite douze Dames du Palais, entre autres, la princesse de la Moskowa, veuve de M. de Labédoyère et remariée depuis peu avec le grand veneur; une jolie personne s'il en fut, qui avait eu à ses pieds la fine fleur des courtisans et des mondains; la comtesse de Montebello, dont le mari, aide de camp de l'Empereur, avait commandé à Rome pendant l'occupation; la comtesse de la Poëze, beauté plantureuse pleine d'animation et de brio et excellente femme par-dessus le marché ; madame Carette, qui avait débuté avant son mariage par être lectrice de l'Impératrice et qui avait conservé auprès d'elle ses grandes et petites entrées, ce qui lui a permis de publier dernièrement un livre des plus intéressants ; enfin, il y avait deux Lectrices: dont l'une, madame Lebreton, sœur du général Bourbaki, a suivi la Souveraine en exil.

Les deux Chambellans étaient le marquis de Piennes et le comte de Cossé-Brissac ; celui-ci fort bien en Cour et ayant une réputation d'esprit des mieux établies. Les deux Écuyers: le baron de Pierres et le marquis de Lagrange, sportsmen émérites — surtout le premier — sont morts tous deux.

Quant à la maison du Prince Impérial, elle était infiniment plus restreinte. Un Gouverneur: le général Frossard, qui allait devenir pendant l'année terrible l'un des boucs émissaires de nos revers ; quatre Aides de Camp — les deux plus choyés : le commandant Charles Duperré et le lieutenant-colonel d'Espeuilles, ont parcouru une brillante carrière et sont actuellement l'un amiral et l'autre général de division de cavalerie ; un Écuyer : le fidèle Bachon, dont je ne saurais tracer un portrait plus ressemblant au moral et au physique qu'en le comparant à Marcel des *Huguenots*; et voilà tout.

II

Les hommes éminents de la Cour des Tuileries. — Le général Fleury. — Un mot du duc de Gramont attribué au général diplomate. — Le général Frossard. — Tendresse de Napoléon III pour son fils. — Attachement respectueux du jeune prince pour son gouverneur. — Le colonel Stoffel. — Ses rapports sur les préparatifs de l'Allemagne. — La collaboration du colonel Stoffel avec le souverain. — *La Vie de César*. — Une bande joyeuse. — M. Pietri, secrétaire particulier de l'Empereur. — La comtesse Walewska. — Le comte Walewski. — Sa présence d'esprit et sa fine repartie à un mauvais plaisant.

Parmi les personnages de la Cour des Tuileries, il se trouvait, et en plus grand nombre qu'on ne l'imagine, des hommes éminents et d'une réelle valeur. Le général

Fleury, par exemple, qui était surtout connu de la foule par les prodigalités qu'on lui attribuait, son extrême élégance et la tenue incomparable des équipages impériaux placés sous sa haute direction, avait des qualités d'homme d'État tout à fait remarquables. Bien qu'il y eût en lui du joueur et du coureur d'aventures et qu'il n'eût pas entièrement dépouillé, au fond, le capitaine de spahis audacieux jusqu'à la témérité, c'était un grand seigneur dans toute la force du terme, à la fois soldat et diplomate comme certains gentilshommes de l'ancien régime, dont il avait peut-être aussi les faiblesses et les défauts mignons. Ses façons étaient exquises, sa distinction parfaite, son esprit souple et charmant, et sa finesse d'autant plus grande qu'elle s'abritait derrière une courtoisie raffinée et une absence complète de morgue et de pédantisme.

Nul n'était plus apte que lui à réussir à la tête d'une ambassade et, lorsque tardivement il fut envoyé à Saint-Pétersbourg, il eut un succès tel à la Cour et dans le monde qu'il est permis de supposer que, sans le Quatre-Septembre qui le contraignit à abandonner son poste, son influence et son habileté auraient fini par triompher des préventions du Czar et par modifier l'attitude de la Russie à notre égard.

On a prêté au général Fleury — on ne prête qu'aux riches — quantité de mots et de reparties spirituelles. Il y en avait une, entre autres, qui a fait le tour des salons pétersbourgeois et parisiens, que je crois, pour ma part, n'être pas de lui, mais du duc de Gramont, et que je ne puis, néanmoins, résister au désir de citer. On assurait qu'une dame, appartenant à la société par sa naissance et ses attaches, mais personnellement des plus compromises, avait mis sous son bonnet qu'elle serait reçue par l'ambassadrice de France, qui ne se souciait nullement de cette relation. Fatiguée de se livrer à des démarches infructueuses, la dame en question se serait approchée un soir de notre représentant et lui aurait dit à brûle-pourpoint :

— Général, quand trouve-t-on donc la comtesse ? Je me suis présentée plusieurs fois à l'ambassade à des heures différentes et je n'ai jamais pu parvenir à la rencontrer.

A quoi l'ambassadeur, pris à l'improviste, ayant répondu par une de ces phrases de politesse banale qui n'engagent à rien, son interlocutrice ne se serait point tenue pour battue et aurait insisté :

— Mais on m'a dit qu'elle était chez elle tous les mercredis.

— Oh ! je vous assure que c'est très exagéré !

Une autre personnalité, très caractéristique, et très saillante, et d'un incontestable mérite, se détachait vigoureusement de l'ensemble de la Cour impériale. Je veux parler du général Frossard, gouverneur du Prince Impérial. Brillant élève de l'École polytechnique, officier du génie d'une grande distinction, homme de science, d'étude et de devoir, austère, grave, froid, voire un peu sec, le général, dont le caractère entier et tout d'une pièce ne se prêtait ni à la flatterie ni aux compromis, était le contraire d'un courtisan et, à tous égards, le modèle des précepteurs pour héritiers présomptifs du trône : *The right man in the right place*, comme disent les Anglais.

La seule chose qu'on pût lui reprocher, c'était de manquer de souplesse et d'entregent et de ne pas toujours tenir suffisamment compte aussi bien de la situation exceptionnelle de son élève que des influences diverses qui s'agitaient autour de lui. Mais à l'âge du jeune prince et avec la tendance que l'Empereur avait à le gâter — l'Impératrice était moins faible — ce léger défaut présentait, en définitive, plus d'avantages que d'inconvénients.

Avant d'accepter les fonctions délicates qu'il remplissait et qu'il n'avait pas le moins du monde sollicitées, le général Frossard avait fait ses conditions et exigé qu'on lui laissât une autorité absolue sur son pupille. Il le soumettait à une discipline inflexible et le tenait très serré. Parfois l'Empereur essayait d'intervenir en faveur de *Loulou*, comme il disait dans l'intimité, pour obtenir une petite dérogation à la règle ou un adoucissement au tableau de travail. Il se passait alors des scènes comiques qui se terminaient, généralement, par une victoire du gouverneur et une déconvenue pour le tendre père, lequel, d'ailleurs, se résignait de fort bonne grâce et n'insistait point outre mesure.

Le Prince ne gardait pas rancune à son sévère mentor. Non seulement il l'estimait et le craignait, mais il lui était très attaché. Il faisait, avec lui, de longues promenades à pied dans les quartiers les plus excentriques de Paris, qui l'amusaient énormément, et il préférait cette distraction, rendue plus attrayante encore par une conversation familière et instructive, à toutes les autres.

Ce n'était pas, on le voit, le premier venu que le gouverneur du Prince Impérial. Il avait un passé marquant, et il joignait à des connaissances militaires approfondies des vertus privées d'un prix inestimable. Etait-il, malgré cela, de taille à exercer le commandement d'un corps d'armée avec autant de capacité et de compétence que celui du génie; ou bien, au contraire, comme la plupart des généraux d'armes spéciales, aurait-il rendu de plus grands services en restant dans sa spécialité? C'est une question qu'il ne m'appartient pas de trancher.

Toujours est-il que ceux qui ont voulu en faire, après l'échec de Forbach, un général de salon et d'antichambre sont tombés dans une grossière erreur. Personne ne méritait moins que lui ce reproche, dont on a, ce me semble, beaucoup trop abusé.

Le général Frossard me conduit tout naturellement à parler du colonel Stoffel, qui fut aussi une des figures de la suite de Napoléon III. En 1869, il venait de quitter la maison de l'Empereur et il était à Berlin en qualité d'attaché militaire. Il envoyait alors à Paris ces fameux rapports, retrouvés après coup, dans lesquels, exposant de la façon la plus nette et la plus précise les armements et les préparatifs de l'Allemagne, il prévoyait, avec une lucidité prophétique, les malheurs qui étaient suspendus sur nos têtes. Il va sans dire que, selon la coutume invariable des ministères passés, présents et futurs, ces précieuses dépêches furent reléguées au fond d'un carton sans avoir été lues par le ministre et que, par conséquent, elles resteront lettre morte. Et dire, qu'après cette leçon, on trouve encore des incorrigibles qui rompent des lances en faveur de la bureaucratie que l'Europe est censée nous envier !...

Une curieuse et intéressante physionomie que celle du colonel Stoffel; très parisienne et, en même temps, très militaire ; mélange original et valable de soldat à l'écorce rude, de causeur agréable, d'érudit, de piocheur, d'artiste et de viveur. Organisation supérieure, à tout prendre, cerveau bien équilibré dont on ne saurait trop regretter la retraite prématurée. Il était l'un des principaux collaborateurs et l'auxiliaire le plus actif de l'Empereur dans ses travaux sur la vie de César; ce qui ne l'empêchait nullement de faire sa cour aux dames et de souper, à l'occasion, au café Anglais en compagnie de M. Pietri, secrétaire intime du souverain — et, depuis, son fidèle compagnon d'exil, — du comte de Brissac et de quelques autres de ses amis du château ou du club formant une petite bande de gens d'esprit, qui, je vous l'affirme, n'engendraient pas la mélancolie. J'ai rarement vu quelqu'un être capable au même degré que M. Stoffel de mener de front le travail et le plaisir.

Dans la maison de l'Impératrice, la première place, par le prestige et le succès, appartenait, sans contredit, à la comtesse Walewska. Indépendamment du charme de son esprit et des grâces de sa personne, elle n'avait pas de rivales dans l'art de recevoir et de représenter. Aussi son salon était-il le plus étincelant, le mieux composé et le plus recherché du monde officiel.

Son mari, qui avait été, pendant cinq ans, ministre des Affaires Étrangères, et qui avait présidé, en 1856, le Congrès de Paris, réalisait le spécimen le plus parfait de l'homme du monde et du diplomate. Il était très bien vu dans la société, où il avait débuté au lendemain de la Révolution de 1830, sous les auspices de ce qu'il existait de plus exclusif et de plus pur dans le faubourg Saint-Germain.

Beau, élégant, distingué, de manières aristocratiques, le comte Walewski ressemblait d'une façon frappante — et pour cause — à Napoléon Ier. Quoiqu'il se fût essayé dans la littérature et qu'il eût même fait jouer, dans sa jeunesse, une comédie intitulée « l'Ecole du Monde »; on lui prêtait plus de tact et de savoir-vivre que d'esprit. Il avait cependant quelquefois la riposte très prompte et très heureuse ; témoin la réponse qu'il fit à un maladroit ou à un mauvais plaisant qui venait de lui dire « qu'il était le fils d'un bien grand homme » et à qui il répliqua, sans se déconcerter :

— C'est vrai, monsieur, mon père avait six pieds.

III

La vie aux Tuileries. — Caractère jovial de l'Empereur. — La conversation de l'Impératrice avec son entourage. — Un déjeuner mouvementé. — Relâchement de l'étiquette dans le particulier — Les Cours étrangères. — Les réceptions au château. — Les grands bals. — Un joli décor. — L'ouverture du bal. — La promenade des Souverains à travers les salons. — Petites manœuvres des intrigants. — La grâce de l'Impératrice et sa façon particulière de saluer. — Comment on s'amusait aux grands bals. — Les installations par catégories. — Grandes brochettes et petit mérite. — Scènes comiques et incidents burlesques. — Incartade d'une étrangère. — Réplique spirituelle d'un Parisien.

On s'amusait beaucoup aux Tuileries. En dehors des fêtes qui s'y succédaient fréquentes et magnifiques, l'existence habituelle et intime, pleine de gaîté et d'entrain, s'écoulait le plus agréablement du monde.

L'Empereur, qui aimait la plaisanterie, laissait volontiers rire autour de lui et prenait souvent part à la conversation pour y glisser une malice ou une anecdote. Quant à l'Impératrice, elle s'intéressait à tout, causait librement, avec verve, avec abandon, avec charme, et adorait se faire raconter par l'un ou l'autre des officiers de service les petites histoires de la ville. Elle les savait sur le bout du doigt ; elle était au courant de toutes les intrigues, de toutes les farces, de tous les cancans et se plaisait, parfois, à taquiner indirectement ceux de ses familiers qui avaient quelque peccadille sur la conscience ou auxquels la rumeur publique prêtait une de ces mésaventures qui, je ne sais pourquoi, ne manquent jamais de faire la joie des femmes les plus irréprochables.

Un jour, à déjeuner, on vantait devant

Sa Majesté un jeune homme à la mode, aimable, sympathique et très mauvais sujet, dont la liaison affichée avec la femme d'un personnage admis ce matin-là à la table impériale faisait un certain bruit.

— Certainement, interrompit l'Impératrice; il est fort bien, intelligent, distingué, séduisant et on s'explique parfaitement ses succès.

Puis, avec son plus fin sourire, s'adressant à l'infortuné mari, qui, naturellement, ne soufflait mot :

— N'est-ce pas, monsieur X...?

On juge si les convives piquèrent le nez dans leur assiette et on imagine la tête du patient, qui, cependant, fit bonne contenance et dut, bien malgré lui, le pauvre homme, se résigner à opiner du bonnet.

Il faut reconnaître que l'étiquette qui présidait aux grandes cérémonies de la cour de

Napoléon III ne se soutenait pas au même degré dans le particulier. En temps ordinaire, elle faisait même place à un laisser-aller qui, sans dépasser les bornes des convenances, étonnait profondément les gens habitués au rigorisme et aux usages inflexibles des cours étrangères.

Je me souviens qu'au début de mon séjour à Paris, arrivant après l'annexion, tout frais émoulu de la maison militaire, pourtant bien simple, du roi Victor-Emmanuel, je ne pouvais m'accoutumer à ce que je voyais et, surtout, à ce que j'entendais raconter du sans-façon des souverains et de leur entourage dans une foule de circonstances. Depuis lors, j'en ai vu bien d'autres, et je ne m'étonnerais plus pour si peu.

Les réceptions au château étaient de quatre sortes : les grands bals, les lundis de l'Impératrice, les concerts — en carême — et les grands dîners.

Rien de plus beau, de plus grandiose, de plus éblouissant que les grands bals. On ne peut voir mieux qu'au palais d'Hiver de Saint-Pétersbourg. Il y en avait ordinairement cinq ou six par saison. Toutefois, en 1869, il n'y en eut que trois.

Les cartes d'invitations adressées au nom de l'Empereur par le grand chambellan portaient l'indication: *En uniforme.* Dans le cadre merveilleux que l'on sait et qui a été assez souvent décrit pour que je me dispense de le faire à mon tour, les habits rouges tout brodés d'or des chambellans, l'uniforme bleu de ciel et argent des officiers d'ordonnance, les costumes chamarrés et constellés de décorations des diplomates et des officiers étrangers, la tenue élégante et variée, selon les régiments et les armes, de la garde impériale se mêlaient à l'accoutrement plus prosaïque de la milice citoyenne. Des tourbillons de femmes, en toilettes de gala, ruisselantes de diamants et de pierreries, circulaient dans les vastes salles et leurs robes traînantes froufroutaient sur le parquet. Pas d'habits noirs dans cette fourmilière étincelante. C'était vraiment féerique.

Sur chaque marche du grand escalier à double révolution par lequel on arrivait, un superbe cent-garde, de six pieds de haut, à cuirasse en acier poli, se tenait immobile comme une cariatide. Et quel joli décor formait cet escalier qui, du balcon du pavillon de l'Horloge, versait comme une vivante cascade d'étoffes légères et chatoyantes, d'ordres éclatants sur les uniformes des hommes et d'épaules mal voilées par une gaze transparente !

On n'entrait généralement pas seul. Le plus souvent, on débouchait par deux. Les novices et les débutants arrivaient en troupes. Les saluts les plus apprêtés appartenaient aux gardes nationaux et à leurs nobles épouses. Les habitués de la maison, les personnes de la cour ne saluaient pas ; ils plongeaient au milieu de cette vile multitude qui venait admirer leur gloire.

Le chambellan de service, placé à l'entrée des salons, était chargé de recevoir et d'introduire les invités. Sa révérence, graduée avec un art infini suivant l'importance du sujet auquel elle s'adressait, aurait mérité à elle seule d'être l'objet d'une étude approfondie. M. d'Arjuzon m'est resté dans l'esprit comme un de ceux qui excellaient dans l'accomplissement de ce sacerdoce. Il avait très grand air, une charmante tournure, une grâce parfaite et un tact exquis.

On ne commençait à danser qu'à dix heures et demie et, à une heure, tout le monde était sur les escaliers, gagnant sa voiture ou un rhume.

A onze heures, l'Empereur et l'Impératrice circulaient à travers les salons. Ils avançaient lentement au milieu d'une double haie qui se formait sur leur passage et ils s'arrêtaient, de temps à autre, pour adresser la parole aux personnages de distinction. C'était à qui bousculerait son voisin et se mettrait en avant pour tâcher de se faire remarquer. Je ne connais rien de plus comique que la mine allongée et déconfite des intrigants en quête d'un mot ou d'un signe lorsque le couple impérial avait passé sans les regarder et qu'il fallait renoncer à tout espoir. Quelques-uns en devenaient verts de dépit.

L'Impératrice, toujours gracieuse, avait

une façon particulière de saluer qui consistait dans une ondulation harmonieuse de la tête et du cou — un cou de statue antique — qui n'appartenait qu'à elle et qui lui gagnait, de prime abord, tous les cœurs, sans qu'elle eût besoin de se mettre en frais ; ce qu'elle savait faire, pourtant, mieux que personne quand elle le voulait, mais ce qu'elle ne faisait que d'une façon irrégulière et capricieuse.

Vers minuit et demi les hôtes impériaux s'éclipsaient et rentraient dans leurs appartements privés.

Quoiqu'il y eût foule aux grands bals des Tuileries, on ne s'y ennuyait nullement. On s'y casait à sa convenance ; on se retrouvait et se réunissait dans les petits coins et, perdu dans le nombre, on pouvait s'isoler et se divertir en toute liberté. Que de choses curieuses et de types extraordinaires à observer dans ce kaléidoscope étourdissant! J'y ai passé, pour ma part, des heures très agréables.

Chaque catégorie d'invités avait son cantonnement de prédilection. Ainsi la grande galerie était plus spécialement affectée aux ébats de la jeunesse. Par contre, un escadron de jeunes seigneurs porteurs d'ordres étrangers, avantageux et pénétrés de leur importance, établissaient une ligne de démarcation infranchissable entre cette galerie — lieu banal abandonné au menu fretin — et la salle des Maréchaux, le seul endroit où pussent décemment se montrer leurs grandes brochettes et leur petit mérite.

Les incidents burlesques ou simplement amusants animaient encore le tableau. Il y en avait de toute espèce et on assistait quelquefois à des comédies de caractère absolument désopilantes. Parmi les mots drôles qu'on y entendait, j'en ai retenu un qui m'a frappé et que je crois inédit. C'était au plus fort de la cohue. Une beauté exotique, tapageuse et excentrique, passait au bras d'un sénateur, décolletée, suivant son habitude, jusqu'à la ceinture; elle n'avait qu'un soupçon de corsage. Un monsieur, qui cheminait derrière elle et dont j'ai toujours regretté de ne pas savoir le nom, marche sur sa traîne. Elle se retourne furibonde et, le toisant du haut en bas — elle était grande comme un tambour-major — d'un air très impertinent, elle lui lance à la figure cette apostrophe étonnante:

— Fichu maladroit, va!

La phrase n'était pas achevée que le délinquant, qui avait de la présence d'esprit, lui répondait avec le plus grand calme et d'un ton tout à la fois doucereux et narquois:

— Ah! Madame, voilà un *fichu* qui est

bien mal placé sur vos jolies lèvres et qui serait bien mieux ailleurs !

Je vous laisse à penser si la dame fût penaude et de quel côté se trouvèrent les rieurs.

IV

Les lundis de l'Impératrice. — Les habituées des lundis. — La comtesse Castiglione. — Un bal costumé aux Tuileries. — La comtesse Castiglione en Romaine de la décadence. — Le quadrille des Abeilles. — Le prince Impérial au bal costumé. — L'Impératrice en costume de dogaresse. — La princesse de Metternich et madame Alphonse de Rothschild. — Les lundis à l'origine. — L'uniforme des invités. — Le marquis de Caux et le cotillon. — Fêtes données, en 1867, aux souverains étrangers. — Transformation des lundis. — Le cotillon se démocratise. — Grognards et libéraux. — C'est la faute à Émile Ollivier.

Les lundis de l'Impératrice avaient un caractère particulier de sélection et d'élégance. Ils n'étaient point, comme les grands bals, ouverts à la foule banale des fonctionnaires et des personnages officiels grands et petits. Il fallait, pour y avoir accès, ou être personnellement connu de la souveraine, ou marquer d'une façon quelconque dans le monde parisien. Y être prié était un signe de faveur et, qui plus est, un brevet de chic et de distinction. Les plus jolies femmes et les plus fringants cavaliers de la société impérialiste se disputaient cet honneur.

Les habituées de ces réunions épurées étaient, pour la plupart, agréables et séduisantes ; on les choisissait dans la crème de ce qu'il y avait de plus brillant et de plus à la mode. Sans parler des dames de la cour que j'ai déjà eu l'occasion de citer, la comtesse Castiglione, la duchesse de Mouchy, née Murat, la comtesse Pourtalès, la marquise de Galliffet, la marquise de Canisy, la baronne de Bourgoing, la maréchale Canrobert, la duchesse de Persigny, la princesse Poniatowska, la baronne de Vatry, madame Anatole Bartholoni, la vicomtesse Pernetty, madame Magnan et beaucoup d'autres moins en évidence formaient un groupe charmant qui entourait sans cesse l'Impératrice, et étaient comme les satellites de la planète impériale.

Un instant, la comtesse Castiglione — un présent de l'Italie — avait occupé, sans rivale, le premier rang. La rare perfection de ses traits et la pureté académique de ses formes, jointes à l'originalité de ses allures et à l'éclat de ses conquêtes, avaient attiré sur elle tous les regards. On assurait, non sans raison je crois, que l'Empereur n'était point insensible à ses charmes et elle trônait en reine au milieu de ses émules, qui, en dépit de la jalousie féminine, ne pouvaient se défendre d'admirer involontairement — oh! bien involontairement — son incomparable et captivante beauté.

Très infatuée de sa supériorité, dédaigneuse et hautaine, elle avait pour elle-même un culte qui frisait l'idolâtrie. Elle s'imaginait de très bonne foi être d'une autre pâte que les simples mortelles et, lorsqu'il s'agissait de faire valoir ses avantages physiques et d'étaler devant la galerie les merveilles qu'elle daignait, de temps à autre, lui permettre de contempler, elle ne reculait devant rien. Je n'oublierai jamais un certain bal costumé, aux Tuileries, où elle apparut à demi-nue comme une déesse antique. Ce fut une révolution. Elle était en *Romaine de la décadence*, la chevelure dénouée, retombant épaisse et soyeuse sur ses luxuriantes épaules, sa robe, fendue sur le côté, laissant voir une jambe moulée dans un maillot de soie et un pied invraisemblable de perfection, surchargé de bagues de prix à tous les doigts, à peine protégé par de mignonnes sandales.

Précédée du comte Walewski, qui faisait écarter la foule, et donnant le bras au comte de Flamarens, encore très décoratif, quoiqu'il eût passé, depuis longtemps, l'âge de la galanterie, elle arriva vers deux heures du matin, après le départ de l'Impératrice, et provoqua un tumulte indescriptible. On l'entourait, on faisait cercle autour d'elle, on se pressait pour la voir de plus près. Les femmes, perdant la tête et n'ayant plus aucun souci de l'étiquette, montaient sur les banquettes afin de la mieux observer ; quant aux hommes, ils étaient littéralement hypnotisés...

De pareils triomphes ne pouvaient être de longue durée. La belle comtesse passa comme un météore. Du jour où elle comprit que son étoile était sur le point de pâlir, elle ne voulut pas s'exposer à des revers et elle résolut de disparaître en plein succès, de se retirer couverte de lauriers. Elle quitta le monde brusquement et vécut depuis dans la solitude et la retraite, invisible pour tous, sauf pour un petit nombre d'amis intimes. En 1869, elle n'était déjà plus qu'un souvenir. *Sic transit gloria mundi!*

Le bal costumé où la comtesse Castiglione, à l'apogée de la vogue et du succès, se montra dans toute sa gloire, est demeuré, d'ailleurs, une date dans les annales mondaines des Tuileries. Ce fut un des plus beaux et des plus animés. Son principal attrait consistait dans le fameux *quadrille des Abeilles*, dont on a tant parlé et qu'avait organisé la comtesse Stéphanie Tascher de La Pagerie, cousine de l'Empereur et l'une des personnes les plus spirituelles, les plus aimables de la cour.

Ce quadrille mirobolant était composé de douze jeunes femmes, toutes plus élégantes et plus séduisantes les unes que les autres. Je vois encore, dans un ravissant costume d'abeille, tout ensemble scintillant et d'un goût parfait, mademoiselle de Tascher, devenue ensuite la comtesse de l'Epine ; la baronne de Vatry ; madame Léopold Maguan, née Haritoff, résignée aujourd'hui de très bonne grâce à la vie un peu sévère de garnison, avec son mari qui commande une brigade de cavalerie ; madame Coppens de Lostende, toujours sémillante et pleine d'entrain ; la comtesse Molitor ; la princesse Lise Troubetzkoï, qui ne songeait point encore à jouer le rôle politique qui l'a rendue célèbre sous la présidence de M. Thiers, et madame Pereira, une jolie Américaine du Sud, très choyée dans la société parisienne. Je ne me souviens plus des cinq autres et je leur adresse mes très humbles excuses.

3.

Les abeilles firent leur entrée dans quatre ruches d'or portées par des figurants de l'Opéra, déguisés en jardiniers. Après un interminable temps d'arrêt dans la galerie du souper, occasionné par l'encombrement des issues de la salle du bal, elles y pénétrèrent enfin. A un signal convenu, elles sortirent étincelantes de leurs cloches dorées et se mirent à danser un ballet réglé par Mérante. C'était une sorte de menuet des plus gracieux, qui provoqua des transports d'enthousiasme parmi les spectateurs.

Le Prince Impérial, tout enfant — il n'avait pas huit ans — assistait à la fête dans un gentil domino rouge, qui lui allait à ravir et qui rendait encore plus agréable et expressive son avenante physionomie enfantine. Il était au comble de la joie et il applaudissait à tout rompre, de ses petites mains, chacune des figures du quadrille.

L'Impératrice, en splendide costume de *dogaresse*, parée de tous les diamants de la couronne, n'avait jamais été plus belle ni plus admirée. La princesse de Metternich, en *diable noir*, était étourdissante d'esprit et de verve, et madame Alphonse de Rothschild, qui débutait dans le monde parisien, où on ne la connaissait presque pas, était très remarquée dans son coquet déguisement d'*oiseau de paradis*.

Mais revenons aux lundis. Les cavaliers y allaient en habit noir. Ils étaient assujettis, cependant, à une manière d'uniforme : culotte courte et bas de soie noirs, ou pantalon collant fixé à la cheville; le maillot du muscadin de l'an IV marié à l'escarpin 1830 de Rastignac.

A l'origine, on n'y admettait guère que les personnes de l'intimité de l'Impératrice. La liste était donc des plus restreintes:

Deux rangées de chaises seulement ; aucune solennité ni aucun fracas. La souveraine entrait sans le moindre apparat et mettait même un certain temps à pénétrer jusqu'à son fauteuil.

Il n'y avait alors d'éclairées que les fenêtres de l'aile orientale du palais. On dansait dans le salon du Premier Consul et on soupait dans le petit salon qui précédait la galerie de Diane. L'Impératrice se tenait de préférence dans une espèce de boudoir tout tendu de vieilles tapisseries d'un ton doux, qui s'ouvrait sur la salle du Premier Consul et d'où, par deux fenêtres, on embrassait le jardin inondé de lumière électrique.

C'était le temps où le marquis de Caux tenait seul, d'une main ingénieuse et ferme, le sceptre de ces cotillons qui ont fait époque.

En 1867, au moment des fêtes données, pendant l'Exposition, aux souverains étrangers — fêtes qui n'étaient, en réalité, qu'une extension des lundis, tant par le nombre et la qualité des invités que par le costume (frac et culotte), — on ouvrit les grands appartements : la salle des Maréchaux et la galerie de la Paix.

Depuis lors, ce fut toujours dans la salle des Maréchaux que l'on dansa. Le buffet occupait une partie de la galerie de la Paix et le salon du Premier Consul servait de salle de conversation. Le marquis de Caux, qui avait cessé de conduire le cotillon, n'ayant jamais eu de rival, ne pouvait pas avoir de successeur. La dernière année, c'était le corps diplomatique français et étranger, les auditeurs au Conseil d'État, les officiers d'ordonnance, les écuyers, à tour de rôle, qui fournissaient la menue monnaie de ce parfait directeur. De monarchiste, l'institution était devenue républicaine. Un grand changement s'était opéré dans l'organisation et l'aspect des petits bals.

Les mamelouks jetaient les hauts cris; ils regrettaient le vieux jeu et gémissaient sur ce qu'ils appelaient la décadence du régime impérial. Pour un peu, ils auraient tout mis sur le dos de M. Emile Ollivier. Les libéraux, par contre, les jeunes dames dans le mouvement couvraient ces jérémiades du murmure de leur allégresse et approuvaient, sans restrictions, les réformes accomplies. Toujours l'antagonisme inévitable et vieux comme le monde entre ces deux tendances naturelles et opposées de l'humanité : la recherche incessante et souvent outrée du progrès et l'opiniâtreté dans la routine.

V

Le lundi du 26 avril 1869. — Le bouquet d'un feu d'artifice. — La toilette de l'Impératrice. — Un mot de la princesse de Metternich. — L'impératrice et le baron de Saint-Amand. — Départ pour Saint-Cloud. — Bal donné en l'honneur du Khédive. — Une Altesse sans culotte. — Vieilles perruques et jeunes moustaches. — Réponse étonnante de la toute jeune fille d'un député bourguignon. — La Cour à Compiègne. — La vénerie impériale. — Chasses à courre. — Les séries d'invités. — Coquetteries de l'Empire avec l'opposition. — L'arrivée des invités à Compiègne. — L'aide de camp et l'écuyer de service. — Le départ pour le château et l'installation des invités. — La vie à Compiègne. — Plaisante aventure de Sainte-Beuve.

Un des lundis les plus brillants et les plus réussis — peut-être le plus brillant de tous — fut celui du 26 avril 1869. C'était comme le bouquet du feu d'artifice fantastique qui, après avoir duré dix-sept ans, allait s'éteindre subitement.

La salle des Maréchaux avait été disposée en corbeille. Cinq rangées de chaises étaient occupées par des femmes et des toilettes ravissantes. L'Impératrice, ayant auprès d'elle la princesse Mathilde et la duchesse de Mouchy, ne portait pas un seul diamant, mais une simple garniture de lilas sur une robe de soie gris-nuage.

A son arrivée, la princesse de Metternich, faisant allusion aux difficultés diplomatiques du commencement de la saison, s'écria :

Après les *points noirs* de l'hiver, le printemps nous apporte les *points lilas*.

Le mot qui n'avait rien de très saillant, eu égard surtout à la réputation d'esprit de son auteur, fut remarqué et fit fortune. Tant il est vrai que dans les Cours plus encore que partout ailleurs, la valeur des paroles se mesure à la situation et à l'influence des personnes qui les prononcent.

C'est aussi ce soir-là, si j'ai bonne mémoire, que l'Impératrice, traversant toute la salle, s'approcha du baron de Saint-Amand, qui venait de publier dans un journal ses premières études sur les femmes des Valois et, après l'avoir chaleureusement complimenté, l'engagea à publier ses articles en volume; comme si elle pressentait qu'il serait un jour l'historien des Tuileries.

Deux mois plus tard, la Cour s'étant transportée, comme tous les ans à pareille époque, au palais de Saint-Cloud, l'Empereur voulut donner un bal au Khédive, qui était venu à Paris pour lancer ses invitations à la prochaine inauguration du canal de Suez. On fit, à l'occasion de ce bal, de grands préparatifs ; on convoqua le ban et l'arrière-ban ; mais — détail piquant — par égard pour Son Altesse, qui n'avait pas l'ombre d'une culotte dans sa garde-robe, les invités du sexe laid devaient être en frac et en *pantalon* — par ordre.

La fête estivale de Saint-Cloud n'en fut pas moins une des plus admirables que l'on puisse rêver. Les femmes, maintenues en bel état par les tièdes fraîcheurs de la nuit, paraissaient toutes délicieuses. Le *flirt*, l'épanouissement et la bonne humeur régnaient sur toute la ligne. Seules, quelques vieilles perruques sénatoriales, redoutant les courants d'air et la fâcheuse bronchite, grognaient dans les coins et manifestaient des terreurs qui, pour l'impitoyable jeunesse, n'étaient qu'un élément de gaîté de plus.

L'Empereur semblait plus gai et plus satisfait que de coutume. Vers minuit, dans le grand salon, il avait avisé quelques députés du centre gauche et s'était mis à causer avec eux. Certains diplomates étrangers, qui s'étaient retirés discrètement par convenance, regardaient de loin ce groupe bruyant où des questions qu'on pouvait supposer assez graves se débattaient fort gaiement, du moins à en juger par la physionomie du principal interlocuteur, qui souriait constamment, non pas seulement des yeux, comme d'habitude, mais des lèvres, jusqu'à rire presque :

— Voyez donc comme l'Empereur a l'air content et comme il rit ! dit un ambassadeur aux collègues qui l'entouraient.

— Oui, reprit un autre, il rit à montrer les dents...

Le clou de cette inoubliable soirée fut la réponse surprenante et digne d'un vieux courtisan, que la toute jeune fille d'un député bourguignon très connu fit à l'Impératrice. La Souveraine, à qui on venait de la présenter, la voyant très émue, lui dit avec bonté :

— Rassurez-vous, mademoiselle. Avez-vous une grâce à me demander ?

— Ah ! Madame, répondit aussitôt la gentille et précoce enfant, lorsqu'on a le bonheur de vous contempler, la seule grâce qu'une femme puisse désirer, c'est la vôtre.

Les assistants en étaient restés tout abasourdis et la phrase, répétée de bouche en bouche, prit les proportions d'un événement. Franchement, il y avait de quoi, et il faut avouer qu'on s'extasie souvent pour beaucoup moins. C'est même tellement beau qu'il est permis de supposer que ce devait être légèrement préparé.

Au déplacement de Saint-Cloud succédait — parfois après un séjour intermédiaire à Fontainebleau — celui de Compiègne. Chaque année, en automne, l'Empereur et l'Impératrice s'installaient, avec leur maison, dans cette résidence et y restaient habituellement jusqu'à la fin de décembre.

L'équipage de la vénerie impériale chassait alors tous les cinq jours dans la forêt. L'Impératrice, qui montait fort bien à cheval, suivait fréquemment les chasses, escortée par un escadron de veneurs de choix. Les officiers de cavalerie de la garnison, appartenant à l'un des six régiments de la garde impériale, arrivaient au rendez-vous dans un char-à-bancs de poste, enfourchaient de magnifiques chevaux et s'empressaient, de leur côté, autour de la plus charmante amazone qui se puisse imaginer.

L'uniforme de la vénerie, avec son habit traditionnel de forme ancienne, ses bottes fortes, sa culotte en peau de daim et son classique *lampion*, rappelait le costume des grands seigneurs du dix-huitième siècle et donnait aux chasses à courre un cachet ancien régime des plus pittoresques et des plus grandioses.

Mais le château n'était vraiment agréable et vivant qu'à l'arrivée des séries d'invités, qui, à partir de la fin d'octobre, se succédaient sans interruption.

La durée du séjour de chaque série était d'une semaine environ. En faisaient partie, en principe, les grands dignitaires, les ambassadeurs étrangers et les ambassadrices, les personnages de distinction du monde officiel; auxquels on ajoutait, suivant les circonstances et le bon plaisir de l'Impératrice, quelques célébrités du moment dans les arts, la littérature ou la science, et le dessus du panier des habitués des lundis. Edmond About et Sainte-Beuve, entre autres, étaient constamment priés, choyés, flagornés. Les femmes faisaient profession d'en raffoler...

Le plus curieux est que, lorsqu'il s'agissait de choisir, parmi les jeunes gens appartenant à une carrière gouvernementale, un petit nombre de privilégiés pour les engager à Compiègne, il n'était pas rare que l'on prit précisément ceux dont les familles étaient le plus hostiles à l'état de choses existant. L'Empire, moins farouche et moins intolérant, sous ce rapport et sous beaucoup d'autres, que l'opportunisme, était en coquetterie réglée avec l'opposition et ne dédaignait point, à l'occasion, de faire une cour discrète aux royalistes et aux parlementaires impénitents. C'est une particularité qui mérite d'autant plus d'être signalée que, de nos jours, elle est ignorée ou oubliée.

Généralement, les séries étaient composées d'une façon homogène, c'est-à-dire que l'on réunissait autant que possible les personnes qui se connaissaient le plus et qui se convenaient le mieux. Il y en avait donc de plus élégantes et de plus amusantes que d'autres. D'aucunes étaient d'une animation et d'un entrain extraordinaires. La plus gaie tombait toujours en décembre.

Les invités arrivaient par un train spécial. Les grands breaks de poste à la livrée vert et or, attelés à miracle et conduits par des postillons à perruques à marteau, poudrés et majestueux, les attendaient à la gare en compagnie de nombreux landaus et fourgons destinés aux gens et aux colis ;

car on juge ce que l'attirail d'une quarantaine de jeunes femmes, se déplaçant pour plusieurs jours, dans de pareilles conditions, devait exiger de moyens de transport.

Au moment où le train s'arrêtait, l'aide de camp et l'écuyer de service s'avançaient sur le quai pour offrir la main aux dames à la descente du wagon et les conduire aux voitures. Un peu grognon, parfois, l'aide de camp, à qui cet aria donnait prodigieusement sur les nerfs ! Il lui arrivait d'avoir la mine renfrognée et on l'entendait grommeler dans sa vieille moustache contre les *impedimenta*, encore plus encombrants et plus agaçants, d'après lui, que l'année précédente. Mais l'écuyer, en revanche, comme il se montrait souriant et empressé ! Jeune, élégant, frétillant, plein d'ardeur et de prévenances, il était dans son élément et ne dissimulait pas la béatitude où le plongeait l'apparition de tant de jolis visages.

Sans désemparer, on montait en voiture et, quelques minutes après, on entrait dans la cour d'honneur. Là, devant le perron, on mettait pied à terre ; on traversait la salle des gardes et on était conduit dans l'appartement qui vous était destiné, où l'on s'habillait pour dîner.

La vie à Compiègne était indépendante et facile. En dehors des repas et de la soirée, chacun pouvait y faire à peu près ce qu'il voulait. Ceux qui désiraient suivre les chasses, avaient pour cela toutes les facilités désirables. Les autres se promenaient en chars-à-bancs ou à pied avec qui leur plaisait, excursionnaient dans les environs, se ménageaient un tête-à-tête bien senti, ou restaient prosaïquement chez eux en compagnie d'un bon livre.

A cinq heures, thé intime chez l'Impératrice. N'y assistaient que les heureux mortels désignés d'avance par Sa Majesté et prévenus, dès le matin, par mademoiselle Marion, aujourd'hui la comtesse Clary, ou mademoiselle de Larminat, qui, après le mariage de mademoiselle Bouvet avec M. Carette, remplissaient, à tour de rôle, les fonctions de demoiselle d'honneur.

Inutile d'ajouter que cette distinction, comme toutes les autres, plus encore peut-être que les autres, parce qu'elle était plus visible et plus directe, donnait lieu à des convoitises, à des jalousies et à des rancunes à n'en plus finir.

A table, l'Empereur avait à côté de lui les deux femmes les plus qualifiées de la série, avec lesquelles il était toujours très attentif et très galant. En face de lui, l'Impératrice, entre les deux personnages les plus importants, trouvait un mot aimable pour chacun et encourageait volontiers les compliments qu'on faisait aux autres femmes, en personne qui savait que la part la plus flatteuse eût été pour elle si l'étiquette l'avait permis. Le gros des invités se plaçait à volonté, sans aucun ordre de préséance.

Il était admis que chaque dame désignât le cavalier qui devait la conduire à la salle à manger et s'asseoir à côté d'elle. Il arriva même, à ce propos, une assez plaisante aventure, dont Sainte-Beuve fut le héros. Une belle jeune personne, aussi distinguée par l'esprit que par le cœur, mademoiselle de Heeckeren, désireuse de savourer la conversation de l'éminent écrivain, qui se trouvait dans la même série qu'elle, lui dit, un jour, selon la formule consacrée :

— Monsieur Sainte-Beuve, voulez-vous me mener dîner demain ?

L'auteur des *Lundis*, qui est novice à la Cour, n'en croit pas ses oreilles. Il suppose bien qu'il n'est pas en bonne fortune ; mais se figurant être en présence d'une fantaisie de grande dame, à laquelle il lui paraît aussi imprudent de céder que malaisé de se soustraire, il songe au mauvais effet d'une pareille escapade, à la difficulté de dénicher dans Compiègne un cabaret convenable, et le voilà dans un cruel embarras... Enfin, il s'en ouvre à la princesse Mathilde, qui lui explique, en éclatant de rire, de quoi il s'agit.

4.

VI

Les soirées à Compiègne. — Attitude bienveillante et familière des Souverains à l'égard des invités. — Les jeux d'esprit. — Les littérateurs sur la sellette. — Le prince de Metternich premier en composition française. — L'Empereur et les jolies femmes des séries. — Amusantes petites comédies. — Napoléon III et la duchesse de Sesto. — La fin des soirées. — Le théâtre de Compiègne. — Spectacle permanent. — Les acteurs de Paris. — La dernière représentation. — Spectacle intime. — M. Viollet-Le-Duc. — *Les Commentaires de César* par le marquis de Massa.

Les soirées à Compiègne, en temps de séries, se passaient généralement à causer et à danser. L'Empereur et l'Impératrice allaient de l'un à l'autre et adressaient la parole indistinctement à tous les invités, au hasard et sans aucune préférence pour le rang ou l'importance. Les jeunes gens étaient traités à l'égal des gros bonnets et avaient leur large part d'amabilités et d'attentions. On était là sur le pied d'une intimité respectueuse qui permettait aux débutants de se rapprocher et de se faire connaître des Souverains, ce qui n'était guère possible à Paris.

Quelquefois on jouait aux jeux d'esprit, qui amusaient énormément l'Impératrice et dont elle se servait pour mettre malicieusement sur la sellette tels ou tels des littérateurs professionnels de la série, à quoi elle excellait. Octave Feuillet, Sainte-Beuve, Mérimée, Arsène Houssaye et les autres en ont vu, sur ce chapitre, de cruelles. Un soir où l'on était à bout de ressources et d'inventions, quelqu'un proposa une dictée, dans laquelle on avait eu soin de réunir en quelques lignes toutes les difficultés, toutes les *celles* de la grammaire française; et le bizarre, l'incroyable, le miraculeux est que ce fut le prince de Metternich qui fit le moins de fautes...

L'Empereur préférait habituellement la conversation et faisait sa cour aux femmes les plus jolies et les plus spirituelles. Il allait s'asseoir successivement à côté de chacune d'elles et, tout en causant avec sa voisine, il interpellait, par-ci par-là, celles qui passaient ou qui se trouvaient à portée de son regard et de sa voix. Rien d'amusant comme le petit manège des grandes coquettes pour attirer son attention. J'en ai vu qui changeaient de place dix fois en cinq minutes et qui le suivaient du coin de l'œil des heures entières pour arriver à temps sur son passage.

Assez souvent distrait, Napoléon III se trompait parfois de nom, ce qui ne plaisait pas toujours à l'objet de cette méprise et donnait lieu à de petites comédies pleines d'intérêt qu'il m'est arrivé de saisir au vol. Il y en avait une, entre autres, qui se renouvelait constamment pendant la saison de 1868 et dont j'ai été plus d'une fois témoin. La duchesse de Morny, récemment remariée avec un grand d'Espagne, ami de l'Impératrice, le duc de Sesto, avait été invitée à Compiègne en compagnie de ce dernier. L'Empereur, qui ne pouvait s'habituer au changement d'état civil de la duchesse, s'obstinait à l'appeler *madame de Morny*. Elle, très agacée, feignait invariablement de ne pas comprendre et ne répondait que lorsque Sa Majesté, reconnaissant son erreur, s'en excusait courtoisement et lui donnait son vrai nom.

Après le départ de l'Empereur et de l'Impératrice, qui se retiraient avant minuit, les hommes faisaient encore de longues séances au fumoir. De plus, certaines coteries d'un chic suprême se réunissaient en catimini dans l'appartement particulier de l'une ou l'autre de ces dames, jusqu'à des heures indues, et ces arrière-soirées, d'un caractère essentiellement privé, ne manquaient ni de gaîté ni de saveur. Je crois même me souvenir que quelques-unes d'entre elles furent prodigieusement folâtres... — Soyons discret.

Voilà pour l'ordinaire. Mais la grande attraction des soirées de Compiègne, c'était le spectacle. Le théâtre du château était d'un aspect gracieux et fort élégamment aménagé. Les meilleurs acteurs de Paris venaient y jouer périodiquement les pièces en vogue. C'est ainsi qu'en 1869, mademoiselle Hortense Neveu, qui avait un succès fou sur les planches du Palais-Royal et... ailleurs, y donna, avec Brasseur et Luguet, *la Consi-*

gne est de ronfler, de Grangé et Lambert Thiboust. *Le Camp des Bourgeois* de Dumanoir et *la Grammaire* de Labiche y furent représentées la même année par Geoffroy et Lhéritier.

Ces comédiens sont les derniers qui aient paru sur un théâtre de la cour impériale.

Ce genre de spectacle, régulier et installé en quelque sorte à poste fixe, n'était, d'ailleurs, pas le seul qui interrompît l'uniformité des séries. Il y en avait un autre tout intime dont les interprètes étaient des gens du monde et qui ne fonctionnait qu'exceptionnellement, lorsque la fantaisie en prenait à l'Impératrice; non pas dans la salle habituelle, mais dans un des grands salons donnant sur la place, où la scène était dressée à chaque représentation avec des accessoires empruntés au garde-meuble.

Le régisseur attitré des troupes de dilettantes qui se succédaient au théâtre intime était M. Viollet-Le-Duc, qui faisait partie, de fondation, de toutes les séries et qui plus tard... a cru devoir oublier ce détail infime.

Et quelle variété de répertoire! Depuis les comédies d'Octave Feuillet — à commencer par *les Portraits de la Marquise*, où l'Impératrice joua elle-même avec le comte d'Andlau, alors au comble de la faveur — jusqu'aux charades de Legouvé, tout y passait. Le duc de Morny y produisit plusieurs pièces de sa composition, notamment *la Succession Bonnet*, représentée en 1864 par madame Barrachin née Magnan, MM. de Saulcy, Mérimée, Viollet-Le-Duc, Edouard Delessert et Philippe de Massa.

Mais ce qu'il y eut de plus marquant et de plus goûté ce fut, incontestablement, la revue du marquis de Massa, intitulée : *Les Commentaires de César*.

C'était en 1865. A un des derniers lundis des Tuileries, l'Impératrice, causant théâtre de société avec la princesse de Metternich, lui dit tout à coup : « Vous devriez demander à Massa de nous faire, pour Compiègne, une pièce dans laquelle vous auriez le principal rôle. »

L'ambassadrice, qu'une telle perspective plongeait dans le ravissement, saisit la balle au bond et, dès le lendemain, Philippe de Massa, qui était à cette époque lieutenant aux guides et officier d'ordonnance du général Féray, commandant la division de cavalerie de la garde, se mettait au travail.

L'Empereur venait de publier son premier volume de la *Vie de César*. Le titre de la revue était donc tout indiqué. C'était aussi l'année de l'*Africaine* de Meyerbeer, qui faisait merveille à l'Opéra. Rien de plus à propos, par conséquent, que les allusions à cette grande œuvre musicale, et le marquis se garda bien de les omettre.

Il ne négligea pas non plus la grève des cochers qui venait de sévir et à laquelle l'Impératrice régente, en l'absence de l'Empereur voyageant en Algérie, avait très habilement mis fin en faisant conduire les voitures de place par les soldats de la garde impériale. Une partie du rôle de la princesse roulait sur ces incidents et il y avait là une scène entre le cocher — un cocher femelle, bien entendu, — et M. Prudhomme, qui était tout simplement une perle.

Bref, l'actualité, la note patriotique et chauvine, les sous-entendus flatteurs à l'adresse de *César*, les couplets délicieusement tournés, la verve, l'esprit et l'humour, tout devait concourir à la pleine réussite de la pièce. En voici la distribution :

L'Industrie............	MM^es Marquise de Galliffet.
La Cantinière..........	} S. A. la Princesse de Metternich.
Le Cocher.............	
La Chanson...........	
L'Hôtel des Ventes.....	} Comtesse de Pourtalès.
La France.............	
Trouville..............	} Bartholoni.
L'Angleterre...........	
Deauville..............	} Baronne de Poilly.
L'Africaine............	
Un Grenadier..........	S. A. le Prince Impérial.
Prud'homme...........	MM. Baron Lambert.
Marchand de coco.....	
Robin des bois.........	} Comte de Solms.
Un Jockey.............	
1er Commissionnaire...	} Comte Davilliers.
La Réclame............	
Cocodès...............	Marquis de Caux.
Mollusquo.............	Vicomte Aguado.
La Diva...............	A. Blount.
Boxman...............	} Marquis de Las Marismas.
Premier Badaud........	
Un Invalide............	Général Mellinet.
Un Fantassin...........	Lt-colonel marquis de Galliffet.
2e Commissionnaire....	} S. A. le prince de Reuss.
Deuxième Badaud......	
Un Volontaire.........	Comte de Pourtalès.
Un Matelot............	} Vicomte de Fitz-James.
Un Garçon de café.....	
Troisième Badaud......	Vicomte d'Espeuilles.
Marchande de plaisirs...	Louis Conneau.

L'orchestre tenu par S. A. le prince de Metternich.
Souffleur : M. Viollet-Le-Duc.

Que sont devenus tous ces brillants acteurs d'un soir?

Les femmes, toutes les cinq encore de ce monde, sont devenues... grand'mères, bien qu'à voir la plupart d'entre elles on ne s'en doutât guère. Mais parmi les hommes, combien de vides et de bouleversements!

Le pauvre Prince Impérial?... massacré par les Zoulous à trois mille lieues de la France sur laquelle il devait régner. Le baron Lambert, commandant des chasses à courre, le compagnon le plus joyeux et le veneur le plus vigoureux que l'on pût rencontrer? mort récemment à Fontainebleau, après une longue et terrible maladie. Morts aussi l'aimable et charmant Aston Blount, l'un des cavaliers les plus à la mode de sa génération, le marquis de Las Marismas et le marquis de Caux. Sans compter M. de Solms, le fringant secrétaire de l'ambassade de Prusse, accueilli et comblé comme personne par la société parisienne, qui est ambassadeur quelque part et dont les relations avec notre pays n'ont point survécu à nos malheurs.

Enfin, le général Mellinet, aujourd'hui très âgé, après avoir, en 1870, défendu énergiquement les Tuileries en compagnie de son officier d'ordonnance, M. Dreyssé, devenu depuis maréchal-aide de camp du Sultan, s'est retiré dans les environs de Nantes, où il achève, dans un repos bien mérité, sa longue et glorieuse carrière.

VII

L'été de 1865. — L'élaboration des *Commentaires de César*. — Les couplets de la princesse de Metternich. — Les répétitions à Paris et à Compiègne. — La représentation. — La mise en scène. — La France impériale sous les traits de madame de Pourtalès. — Le général Mellinet en invalide et le marquis de Galliffet en fantassin. — Succès de la princesse de Metternich. — La baronne de Poilly en *Sélika* et le vicomte Aguado en *Nelusko*. — Le Prince Impérial en grenadier. — L'Empereur dans les coulisses. — Incident comique au foyer. — Satisfaction de l'Empereur. — Départ du marquis de Massa pour le Mexique. — Reprise de sa revue à Paris, en 1867.

Durant tout l'été de 1865, le marquis de Massa, qui, grâce à sa situation d'officier d'ordonnance, avait beaucoup de loisirs, travailla sans relâche aux *Commentaires de César* et, au fur et à mesure qu'il faisait des couplets pour la princesse de Metternich, l'étoile de sa troupe, il les lui envoyait, tantôt au Johannisberg, tantôt en Bohême, où elle résidait alternativement pendant la belle saison.

Si bien qu'au commencement de novembre, la revue était complètement terminée. On répéta, d'abord, à l'ambassade d'Autriche, et, en arrivant à Compiègne, tout le monde savait son rôle. Il ne restait plus qu'à étudier l'ensemble, et c'est ce qu'on fit d'arrache-pied dès le début de la série.

Les comédiens improvisés faisaient bande à part. Ils suivaient les chasses dans des chars-à-bancs spéciaux et, lorsque l'animal n'était pas pris à l'heure dite, ils tournaient bride et rentraient au château pour reprendre le cours des répétitions. Jamais on ne vit pareil entrain et pareille émulation.

Aussi, la représentation dépassa-t-elle en éclat et en succès tout ce qu'on peut imaginer. Les costumes étaient splendides et, en même temps, très artistiques. Celui de la princesse de Metternich avait été dessiné par Marcelin — on le retrouvera dans la *Vie parisienne* de 1865 — et tous les autres par Perrin, directeur de l'Opéra. La figuration et la mise en scène ne laissaient rien à désirer. La France impériale, sous les traits agréables de la belle comtesse de Pourtalès, escortée d'un invalide du premier Empire, le général Mellinet — portant ses héroïques états de service sur la figure, sous la forme d'une énorme cicatrice qui lui labourait la joue — et d'un fantassin moderne, le marquis de Galliffet, lieutenant-colonel au 6ᵉ hussards, avait un je ne sais quoi de poétique et d'empoignant qui électrisait les plus flegmatiques. Quant à la salle, je renonce à la décrire. C'était la quintessence d'une société superlativement élégante et raffinée, dont ceux qui ne l'ont pas connue ne peuvent se faire qu'une idée très imparfaite.

La princesse de Metternich brûlait les planches. Dans le rôle du cocher, qui allait à merveille à sa physionomie étonnamment expressive et à l'amusante désinvolture de ses façons, elle fut couverte d'applaudissements, et on n'aura pas de peine à se figurer l'effet produit par des couplets comme ceux-ci dans la bouche de la plus originale et la plus piquante des grandes dames :

» D'un bout à l'autre de Paris,
» En voiturant jusqu'à leurs portes
» Un tas de gens de toutes sortes,
» J'observe et j'ai beaucoup appris !
» Primo, je vais prendre à la gare
» Les voyageurs et leurs colis ;
» Les premiers, dans cette bagarre,
» Ne sont pas toujours très polis.
. . . .
. . . .

» A midi, je jette à la Bourse
» Les pigeons qui s'y font plumer;
» Parfois, en modeste toilette,
» Je conduis d'assez grand matin,
» De belles dames en cachette
» Dont le but paraît incertain...

. . . .
. . . .

» Tantôt, sur la place, on m'arrête
» Et je charge un couple amoureux,
» La dame a la jambe bien faite...
» Le monsieur paraît fort heureux.
» — Monsieur, madame, à quel endroit ?
» Du coin de l'œil on se concerte...
» — Allons où la campagne est verte,
» Allons où la fougère croît. »

. . . .
. . . .

Mais où l'enthousiasme des spectateurs ne connut plus de bornes, ce fut lorsque la princesse, métamorphosée en chanson, chanta sur l'air de *Doche*, de sa voix vibrante et légèrement nasale :

« Moi, la chanson, sœur du gai vaudeville,
» Enfants tous deux du Français né malin,
» Moi qui régnais sur la cour et la ville,
» Moi, la chanson, je touche à mon déclin !

» Mon art se meurt et la muse grossière
» Chante à grands cris sur un rythme nouveau ;
» Tous mes élus reposent sous la pierre
» Et j'ai perdu la clef de leur caveau. »

. . . .
. . . .

Je voudrais pouvoir tout citer. Mais cela m'entraînerait hors des limites de mon cadre et je suis, malgré moi, contraint de m'arrêter.

Impossible, pourtant, de passer sous silence la baronne de Poilly en *Sélika* et le vicomte Aguado en *Nelusko*. Ils étaient superbes dans leurs costumes copiés avec une scrupuleuse exactitude sur ceux de l'*Africaine*, que l'auteur avait très drôlement résumé sur l'air : *Un Mari sage...* de la *Belle Hélène*. Jugez-en plutôt :

» Sur le rivage,
» A fait naufrage
» Un nommé Vasco de Gama.
» On veut le pendre,
» Mais moi, plus tendre,

» Je l'épouse devant Brahma,
» Il m'abandonne,
» Je m'empoisonne,
» Sous un arbre peu fréquenté...

Mollusquo

» Et voilà comme
» Un galant homme
Passe à la postérité ! »

. . . .

Le Prince Impérial disait aussi très crânement un petit couplet qui ne fut pas, comme bien on pense, le moins apprécié.

Pendant l'entr'acte, l'Empereur alla dans les coulisses et, apercevant, en entrant au foyer, le général Mellinet et le colonel de Galliffet, qui ne devaient paraître qu'au deuxième acte et qu'il prit pour deux véritables troupiers, il demanda à Philippe de Massa ce que ces deux militaires faisaient là.

— Sire, ce sont deux figurants. L'un est un fantassin du 99e...

— Ah !... du bataillon en garnison à Compiègne ? Et l'autre, l'invalide ?

— On l'a fait venir exprès de l'esplanade de Paris.

Et voilà le bon Empereur qui, avec sa bienveillance habituelle, se dirige, en se dandinant comme toujours, vers ces braves gens, pour leur adresser quelques bonnes paroles.

Le fantassin, qui lui tournait le dos et qui avait vu dans la glace ce qui venait de se passer, le laisse arriver tout près de lui et, se retournant brusquement, comme s'il croyait être interpellé par un camarade :

— Qu'est-ce qu'il y a ? s'écrie-t-il, d'un ton bourru.

Et il se trouve nez à nez avec le souverain...

Feignant alors de ne l'avoir reconnu qu'à

l'instant même, jouant la confusion et prenant une pose à la Paulin Ménier :

— Pardon, excuse, sire !...

Stupéfaction de l'Empereur, qui n'en revient pas d'étonnement et de saisissement :

— Oh !... oh !... oh !... oh !... c'est Gallifet !

On passe à l'invalide ; surprise croissante de Sa Majesté :

— Oh !... oh !... oh !... c'est le brave Mellinet !

Et de rire aux larmes. Mais, au bout d'un instant, la physionomie de Napoléon III devient tout à coup sérieuse et, regardant la balafre éloquente du vieux guerrier, il ajoute avec une visible émotion :

— Je vous fais mon compliment, Massa ; vous choisissez bien vos figurants !

César était, du reste, enchanté et ne cherchait nullement à le dissimuler : « C'est du meilleur goût, très amusant et bien français. » Telles furent, si je ne me trompe, ses propres expressions.

Le lendemain matin il fit appeler dans son cabinet l'heureux marquis et lui remit un exemplaire de la *Vie de César*, avec cette dédicace tout entière écrite de sa main : *Au marquis Philippe de Massa. Souvenir du commentateur de César au commentateur de César. Napoléon.* Sur quoi l'officier de cavalerie, profitant sournoisement des avantages du vaudevilliste, ne perdit pas la carte et demanda, séance tenante, à l'Empereur, la faveur d'être envoyé au Mexique. Quinze jours après, il s'embarquait pour rejoindre le corps expéditionnaire et, au bout de deux ans, il revenait... capitaine et décoré. Souvent, les petites causes produisent de grands effets — surtout quand on a soin de les y aider.

Les *Commentaires de César* furent joués à Compiègne deux soirs de suite et repris, avec quelques retouches, à Paris, en 1867, en pleine Exposition, devant un parterre de rois.

VIII

Compiègne en 1869. — En l'absence de l'Impératrice, la princesse Mathilde fait les honneurs de la seule série de la saison. — Mort de Sainte-Beuve. — La princesse Mathilde et les héritiers du grand critique. — Le voyage de l'Impératrice. — La réception à Constantinople. — L'inauguration du canal de Suez. — Apothéose de l'Impératrice Eugénie. — La fin du voyage impérial. — Réflexions mélancoliques de l'auteur. — Retour de l'Impératrice à Paris. — Le singe de Sa Majesté et M. Émile Ollivier.

En 1869, la villégiature impériale était bien loin des splendeurs de l'année des *Commentaires de César*.

L'Impératrice étant partie dans les premiers jours d'octobre pour le grand voyage qu'elle entreprit en Italie et en Orient, et dont l'inauguration du canal de Suez devait être le terme, l'Empereur allait seul à Compiègne.

Il n'y eut qu'une seule série. La princesse Mathilde en faisait les honneurs, et tout s'y passa on ne peut plus simplement. On y apprit la mort de Sainte-Beuve, qui était destinée à donner du tintouin à la cousine de Napoléon III et à devenir sous peu l'occasion d'un procès en restitution de lettres dont la chronique du temps s'est beaucoup occupée et qui, fort heureusement, a fini par un arrangement.

L'Impératrice, dans son voyage, était accompagnée d'une suite nombreuse : le duc de Huescar, fils de la duchesse d'Albe; le prince Joachim Murat, mesdames de la Poëze, de Nadaillac et de Saulcy; Djemil-Pacha, ambassadeur de Turquie à Paris; M. Bourée, ambassadeur de France à Constantinople; le général Douay, le comte de

Brissac, le docteur Larrey, M. de Saulcy; mesdemoiselles Marion et de Larminat, le baron Clary eurent l'heureuse chance d'être choisis pour lui faire escorte.

Partout on la reçut et on la traita en souveraine, non seulement de la France, mais de l'Europe. Il semblait que l'univers fût à ses pieds.

A Constantinople, la réception fut d'une magnificence extraordinaire. Le Sultan avait déployé toute la magie de la pompe orientale, et l'impression produite sur l'imagination des populations ottomanes par la présence, au milieu d'elles, d'une femme couronnée — fait nouveau dans les fastes de l'islamisme — dépasse tout ce qu'on peut imaginer.

A l'arrivée du yacht impérial, l'*Aigle*, une flottille de bâtiments de guerre et de commerce, tout pavoisés, se porte à sa rencontre. Les deux rives du Bosphore sont couvertes d'une foule immense, et le feu de trente batteries annonce l'approche de l'auguste voyageuse.

L'*Aigle* mouille devant le palais de Beyler-bey.

Au même instant, une embarcation, surmontée d'un dais de velours rouge brodé d'or, se détache du quai et s'avance à force de rames. C'est le Sultan qui vient à bord pour recevoir l'Impératrice des Français et la conduire à Beyler-bey, somptueusement décoré à son intention.

Sa Hautesse lui prodigue les égards et se confond en manifestations de courtoisie et de respect.

Il veut même, chose inouïe de la part du Commandeur des croyants, lui baiser la main, ce qu'elle refuse, par déférence pour les coutumes du pays.

Les jours suivants, après avoir fait à la sultane Validé une visite que celle-ci lui rend le lendemain, l'Impératrice passe en revue 22,000 hommes de troupes, dans une vaste et élégante tribune tapissée de velours de soie et de drap aux couleurs françaises.

Ce soir-là, le Bosphore est illuminé. Les palais, les kiosques, les édifices publics, trente bâtiments de la marine impériale turque resplendissent de feux. Tout paraît embrasé, depuis l'arsenal jusqu'à Thérapia. La beauté de la nuit, le calme de la mer sous le ciel étoilé de l'Orient donnent à ce merveilleux décor une poésie et une grandeur indescriptibles.

Tout cela n'était rien, pourtant, en regard de ce qui attendait l'impératrice Eugénie en Egypte, et l'on peut dire sans exagération que l'inauguration du canal de Suez fut pour elle un véritable triomphe, presque une apothéose.

Entourée de l'empereur d'Autriche, du prince royal de Prusse, du prince et de la princesse des Pays-Bas, de l'émir Abd-el-Kader, de M. Ferdinand de Lesseps, à l'apogée de son succès et de sa gloire, elle présidait, ce jour-là, au nom de la France et en présence de toutes les nations civilisées, à la consécration solennelle de la plus grande entreprise du siècle. Quoi de plus éblouissant et de plus enviable ?

Jamais, à coup sûr, fête internationale ne fut plus splendide et plus imposante. Une multitude variée et bizarre, venue de tous les coins du globe, couvrait la plage de Port-Saïd. Tous les peuples étaient représentés dans cette confuse et brillante agglomération, où l'on voyait côte à côte, des hommes de l'Orient aux vêtements éclatants, des chefs africains enveloppés dans leurs amples burnous, des Circassiens en costume de guerre, des officiers de l'armée des Indes, des magnats hongrois revêtus de leurs habits nationaux, des évêques chrétiens avec leurs ornements sacerdotaux, des ulémas et des muftis en caftans verts et violets.

Dans le port, des cuirassés anglais, des frégates autrichiennes, des navires français et égyptiens, au milieu desquels se balançaient gracieusement le yacht de l'Impératrice et celui du prince de Prusse. Spectacle magnifique, dont rien ne peut rendre la majesté et le charme.

Mais ce qui dominait toutes les pensées, c'était la grandeur de l'œuvre, et lorsque, avant la bénédiction du canal par l'évêque d'Alexandrie, Mgr Bauer, le prélat à la mode, le prédicateur préféré des belles dames de la cour — aujourd'hui défroqué et transporté dans les coulisses de l'Opéra — prononça un éloquent discours, dans lequel il appelait la protection divine sur ce monument pacifique du génie humain, une profonde émotion s'empara de tous les assistants...

Le lendemain, la flottille qui portait les princes, ayant l'*Aigle* à sa tête, allait tenter pour la première fois le passage ouvert désormais au commerce du monde entier, quand un incident imprévu retarda le départ. On vint annoncer au Khédive qu'un navire égyptien, qu'on avait envoyé en éclaireur, était échoué dans le sable et interceptait la navigation. Grande colère et grand désespoir de Son Altesse, qui s'empressa de confier son embarras à M. de Lesseps, en le suppliant de le tirer de ce mauvais pas.

— Monseigneur, répondit aussitôt le grand homme avec sa décision et son sang-froid habituels, il faut ou désensabler le bâtiment, ce que je ne crois pas impossible, ou l'incendier, ou le faire sauter.

Le vice-roi se jette avec effusion dans les bras de son sauveur et, deux heures après, le premier moyen indiqué ayant pleinement réussi, le cortège se mettait en marche.

L'Impératrice ignora ce contre-temps et ne s'aperçut de rien. Si bien que le malencontreux navire, rangé dans une des stations du canal, l'ayant salué à son passage d'une bordée de coups de canon, elle dit à M. Ferdinand de Lesseps :

— Comme le vice-roi est aimable d'avoir placé là un de ses vaisseaux pour nous rendre les honneurs! C'est une attention vraiment très délicate...

Pendant ce trajet, la souveraine, à qui

M. de Lesseps avait présenté sa fiancée et qui s'était d'abord étonnée de lui voir épouser, à son âge (il avait alors plus de soixante ans), une personne aussi jeune, lui avoua qu'après avoir causé une grande heure avec elle, elle comprenait parfaitement la détermination qu'il avait prise.

Cette journée mémorable fut l'épilogue de la marche triomphale de l'Impératrice. Et quand on songe que, quelque mois après, cette même Impératrice, abandonnée sinon de tous, du moins d'une partie de ceux qui auraient dû la conseiller, la protéger et la défendre, en était réduite à s'enfuir de Paris dans un vulgaire fiacre, sous la protection de trois étrangers, on fait d'amères réflexions sur la vanité des grandeurs terrestres, et sur l'affaissement des caractères dans notre siècle de lumière et de... révolutions.

Cependant, au retour de Sa Majesté, nul

dans son entourage ne paraissait avoir de sombres pressentiments ; on était tout à la joie. Elle avait rapporté un singe, qui était une guenon et qui mordit un jour jusqu'au sang M. Emile Ollivier.

Le hargneux quadrumane anticipait sur les événements... Ce petit accident n'en fit pas moins les délices de la *Maison* et égaya considérablement les familiers des Tuileries, qui, en général, ne professaient qu'une admiration modérée pour le futur premier ministre.

LE CORPS DIPLOMATIQUE

IX

Le corps diplomatique étranger sous le second Empire. — Les principaux ambassadeurs. — Les ambassades de 1860 à 1870. — Fêtes de l'ambassade d'Angleterre et de l'ambassade de Prusse. — L'ambassade d'Autriche. — La princesse de Metternich. — Les soirées intimes de l'ambassade d'Autriche. — Les habitués de ces soirées. — Les anniversaires. — Charades et tableaux vivants. — L'intérieur du prince et de la princesse de Metternich. — Les prouesses hippiques du comte Sandor. — Un accident de voiture après décès. — Les dîners de l'ambassade d'Autriche. — Les *Redoutes*. — Un grand bal costumé offert à l'Impératrice. — Mésaventure d'un marchand de coco.

Je ne crois pas qu'à aucune époque le corps diplomatique étranger ait été, à Paris, plus brillant et ait présenté un ensemble plus remarquable que pendant les dix dernières années du second Empire.

La plupart des ambassadeurs accrédités auprès de la cour des Tuileries, tels que lord Lyons et, avant lui, lord Cowley pour l'Angleterre, le prince de Metternich pour l'Autriche, le comte Stackelberg pour la Russie, le comte de Goltz pour la Prusse, le commandeur Nigra pour l'Italie, monseigneur Chigi pour le Saint-Siège, Djemil Pacha pour la Turquie, etc., etc... tant par le rang qu'ils avaient dans leur pays que par le mérite personnel de beaucoup d'entre eux et par la considération dont ils étaient entourés, ont occupé une très grande place dans la société parisienne et ont laissé parmi nous des souvenirs ineffaçables.

Et si les nécessités de la politique ont conduit quelques-uns de ces agents à jouer, dans certains cas, un rôle qui n'avait rien d'agréable pour nous, leurs procédés ont toujours été corrects et courtois, leur maintien n'a cessé d'être irréprochable. Gardons-nous donc de les blâmer. Ils ont rempli leur devoir et nous en eussions fait autant à leur place.

De 1860, où le régime impérial était à son apogée, à 1870, où, avant de sombrer, il avait déjà perdu de son prestige et de sa force, les ambassades ont pris une part très active et très importante au mouvement mondain de Paris. Elles furent une sorte de terrain neutre sur lequel ce qui restait encore du faubourg Saint-Germain, boudeur et irréconciliable, rencontrait avec un plaisir non dissimulé le clan plus moderne, plus en l'air et plus amusant du monde impérialiste. Elles étaient, en général, admirablement composées, et tout ce qu'il y avait de plus haut placé et de plus élégant briguait l'honneur d'y être admis.

Les réceptions et les fêtes y étaient continuelles et splendides. Je ne veux m'appesantir ici ni sur celles de lord et de lady Cowley, qui sont demeurées célèbres entre toutes, ni sur les bals donnés, en 1867, par les ambassadeurs, aux souverains étrangers, et entre lesquels celui de l'ambassade de Prusse restera comme un spécimen unique de magnificence et de luxe bien compris.

Mais il est une ambassade qui a fait plus parler d'elle que les autres, qui a été plus directement et plus étroitement liée au monde parisien, qui, pour un temps, lui a presque donné le ton, qui a exercé sur notre société une influence indiscutable, quelle que soit, d'ailleurs, l'opinion que l'on puisse avoir sur les conséquences de cette influence, et qui, partant, mérite qu'on s'y arrête. Je veux parler de l'ambassade d'Autriche.

Pour la voir sous son vrai jour, il convient

tout d'abord d'esquisser le portrait de la femme d'esprit et de cœur, mais originale, primesautière et extraordinairement indifférente au « qu'en dira-t-on » qui en était l'âme, la personnification et le charme.

Ceux qui n'ont connu la princesse de Metternich que de réputation et par le bruit qui s'est fait autrefois autour de son nom n'ont qu'une idée très incomplète et même très fausse de cette étincelante personnalité, trop complexe et trop subtile pour être jugée et comprise sur les apparences.

Artiste, fantaisiste, mobile, d'une vivacité d'imagination et d'impressions sans égale, se traduisant par des boutades quelquefois plus qu'étonnantes, la princesse l'est assurément. Mais ce qu'elle est surtout et par-dessus tout, c'est une patricienne et une aristocrate, une grande dame jusqu'au bout des ongles, pleine d'élévation dans les idées, de noblesse dans les sentiments, de délicatesse dans le goût, de race et de distinction naturelle — à commencer par son extérieur d'une rare élégance.

Seulement, comme toutes les personnes qui ont conscience de leur valeur, elle dédaigne, jusqu'à un certain point, les conventions et les petites hypocrisies sociales derrière lesquelles s'abritent l'insuffisance et la niaiserie des parvenus. De là les critiques plus sévères que justes dont elle a été l'objet.

On ne les lui a pas plus épargnées qu'on ne lui a marchandé la flatterie. On est allé jusqu'à prétendre — à quoi bon le taire ? — qu'elle avait porté un coup mortel aux saines traditions de la société française. Rien de plus exagéré, à mon avis. Son exemple, je n'en disconviens pas, a pu être funeste à quelques Parisiennes écervelées, qui, en cherchant à imiter ses allures libres sans pouvoir leur opposer le correctif indispensable de sa grande intelligence et de ses éminentes qualités, sont tombées dans un genre déplorable. Mais n'est-ce pas là ce qui arrive pour tous les premiers rôles, pour toutes les individualités marquantes qui se distinguent de la foule et sortent des sentiers battus? Et de ce que bon nombre de disciples de Wagner et de Gounod n'ont abouti qu'à parodier pitoyablement leur musique, s'ensuit-il qu'il faille conspuer ces deux maîtres?

On a fait dire à la princesse de Metternich une foule de choses qu'elle n'a jamais dites, entre autres ce mot connu : « Je ne suis pas laide, je suis pire », qui n'est pas d'elle, mais de madame Dorval. En revanche, je n'oserais affirmer qu'elle n'ait pas laissé échapper cet autre aphorisme léger, qu'on lui a beaucoup reproché : « A Paris, je me considère comme au cabaret. »

Ce qui reste certain et indéniable, c'est le grand éclat qu'elle a jeté sur son ambassade et les sympathies durables qu'elle a conservées à Paris.

Du temps où elle était ambassadrice, l'hôtel de la rue de Grenelle, en dehors des réunions d'apparat, était ouvert tous les soirs à une douzaine de fidèles, qui y venaient régulièrement, et souvent assez tard, jaboter et fumer. Les habitués de ces soirées tout intimes étaient : le comte et la comtesse de Pourtalès, le comte et la comtesse de Hatzfeld ; madame Multon, une jolie Américaine très lancée ; M. Tolstoy ; M. de Beyens, ministre de Belgique en France, ce qu'il est encore actuellement ; le prince de Sagan, le marquis de Galliffet, le marquis de Massa ; le comte Robert de

Fitz-James, M. de Mullinen, conseiller de l'ambassade ; le comte Hoyos — aujourd'hui ambassadeur à Paris — premier secrétaire, et MM. de Walterskirchen, Deym, Apponyi, Kewenhüller, secrétaires et attachés.

On y était en famille et dans un sans-gêne complet. Le prince et la princesse, tous deux très musiciens, se mettaient fréquemment au piano et jouaient des morceaux d'ensemble, tout en prenant part à la conversation, à laquelle la princesse, très au courant de tout ce qui se faisait, se disait et se publiait, donnait, avec sa verve endiablée, un tour particulièrement enjoué et spirituel. Elle fumait, sans discontinuer, de gros cigares, selon la coutume viennoise, ce qui, entre parenthèses, ne laissait pas que de scandaliser les mères nobles du *gratin*.

Deux fois l'an, lorsqu'approchaient les anniversaires de la naissance des maîtres de la maison, la petite coterie s'agitait un peu plus que d'habitude et prenait une physionomie insolite pour la mise en quarantaine de celui des deux époux qu'il s'agissait de fêter, pendant qu'on préparait, dans le grand mystère, — pénétré, naturellement, dès la première heure par l'intéressé — la charade, l'impromptu ou les tableaux vivants de circonstance. On sortait, à l'occasion de ces anniversaires, le fameux Johannisberg *liebe fraumilch* de derrière les fagots et les convives dégustaient, à la santé de leurs hôtes princiers, ce cru introuvable de leurs propriétés d'outre-Rhin.

Tout, dans cet intérieur, avait un cachet à part. Ainsi le petit salon particulier de l'ambassadrice renfermait une curieuse collection d'aquarelles et de dessins représentant les prouesses hippiques de son père, le comte Sandor, le sportsman le plus aventureux et le personnage qui avait eu le plus d'accidents de voiture des cinq parties du monde. Il en eut, parait-il, jusqu'après sa mort, car on raconte que les chevaux attelés au fourgon qui devait emporter en Hongrie sa dépouille mortelle prirent le mors aux dents et que son cercueil fut violemment projeté sur le sol...

Les diners de l'ambassade d'Autriche avaient un renom mérité de suprême élégance et d'agrément. On mendiait littéralement ces sortes d'invitations. Pas autant, cependant, que celles des *redoutes* dont M⁰ de Metternich avait introduit l'usage à Paris, et qui eurent une vogue et un succès sans précédents.

Elles avaient eu pour prélude un grand bal costumé offert à l'Impératrice, qui y vint en *Junon*. L'Empereur y assistait en manteau vénitien. La salle de bal, construite dans le jardin, était tout en satin bleu et en glaces. Au début de la soirée, un incident tragi-comique, qui finit par contribuer à son entrain exceptionnel, faillit la compromettre. Pendant qu'on attendait les souverains, un sinistre farceur s'amusa à dévisser le robinet du comte de Fleurieu, costumé en marchand de coco, et le vin de champagne que contenait son coquet petit tonneau — un véritable objet d'art — se répandit à flots sur le parquet...

Vous vous imaginez le désarroi et l'émoi de la compagnie. Heureusement la panique ne fut pas de longue durée. En un clin d'œil le sauvetage fut opéré et, à l'arrivée de l'Impératrice, tout se trouvait dans un ordre parfait.

X

Le prince de Metternich. — L'ambassadeur et l'homme privé. — Son rôle auprès de l'Impératrice dans la journée du 4 septembre 1870. — Sympathie de M. Thiers pour le prince de Metternich. — Intrigues qui amènent son rappel. — Le commandeur Nigra. — Attitude du faubourg Saint-Germain, vis-à-vis de l'ambassadeur d'Italie. — Un ambassadeur à bonnes fortunes. — M. Nigra et la politique du comte de Cavour. — État d'esprit de M. Nigra au départ de l'Impératrice. — Le comte de Goltz. — Son ambassade et sa fin prématurée. — Le comte de Moltke. — Mgr Chigi. — Tribulations de ce prélat au sujet du marquis de La Valette.

De tous les ambassadeurs étrangers accrédités à Paris dans les dernières années de l'Empire, le plus saillant, le plus en vue et le plus répandu était certainement le prince de Metternich.

Du diplomate je ne dirai rien, si ce n'est que, choisi après la campagne d'Italie, d'un commun accord, par l'empereur François-Joseph, dont il était l'ami particulier, et l'empereur Napoléon III, il se trouvait être *persona grata* à Vienne et à Paris et pouvait, par conséquent, mieux que tout autre consolider les bonnes relations récemment établies entre les deux pays. Ses intentions conciliantes, ses manières affables, la droiture et la loyauté de son caractère étaient, d'ailleurs, de nature à faciliter singulièrement l'accomplissement de sa mission, et je ne crois pas m'avancer trop en affirmant qu'il ne dépendit point de lui qu'au moment décisif, l'Autriche ne prit une détermination plus rationnelle et plus conforme à ses intérêts que celle qu'elle a cru devoir adopter, pour notre malheur et pour le sien.

Ce qui a peut-être nui au prince, en tant qu'ambassadeur, c'a été d'être le fils d'un grand homme, situation difficile entre toutes, fardeau toujours lourd à porter.

Quant à l'homme privé, il était impossible qu'il fût meilleur, mieux doué, plus aimable et plus attachant. Musicien consommé, dessinant fort agréablement, tournant à merveille un billet ou un quatrain, faisant sa cour aux dames avec un assaisonnement de sentimentalité allemande qui tournait, parfois, à l'idylle et qui avait, tout au moins, le charme de la nouveauté, M. de Metternich était, avec tout le monde, d'une rondeur et d'une politesse pleines de simplicité auxquelles on reconnaissait de suite le véritable grand seigneur. Homme d'intérieur, avec cela, adorant ses enfants, dont il s'occupait constamment, ami sincère, sûr et dévoué; mélange bizarre et séduisant de parfait mondain et d'incorrigible pot-au-feu.

Le prince de Metternich fut, avec M. Nigra, l'ami le plus fidèle de l'impératrice Eugénie, le soutien et le défenseur de la dernière heure, car c'est à son bras que, le 4 septembre, elle quitta les Tuileries, où elle ne devait plus rentrer.

Malgré le changement de régime, la cour de Vienne ne rappela pas son ambassadeur, qui resta en fonctions sous le gouvernement de la Défense nationale et fut même maintenu, pendant quelque temps, sous la présidence de M. Thiers. Celui-ci qui l'avait connu à Tours et qui avait toujours eu un faible pour l'illustre chancelier dont il était le fils, faisait grand cas de lui et aurait voulu le garder. Mais la princesse n'ayant jamais consenti à aller à Versailles, l'entourage du Président, son entourage féminin surtout, qui nourrissait une haine corse contre tout ce ce qui avait approché l'Empereur et l'Impératrice, se servit de ce prétexte pour peser sur lui et pour le décider à demander le rappel du prince, ce qui fut fait en 1872.

Depuis 1869, l'ambassade d'Autriche avait quitté le 101 de la rue de Grenelle, où l'on avait installé les télégraphes, et s'était transportée au n° 2 de la rue de l'Elysée, dans l'hôtel qui était alors la propriété de l'Impératrice et qui est devenu plus tard celle du baron de Hirsch.

Après le prince de Metternich, l'ambassadeur le plus populaire et le mieux acclimaté parmi nous était le commandeur Nigra. Ce n'est pas qu'il eût, à beaucoup près, dans le monde, la position hors ligne de son collègue.

Dans ce temps-là, c'était la mode, au

faubourg Saint-Germain et aux alentours, d'affecter une antipathie plus instinctive que raisonnée pour les Italiens. Les relations mondaines de l'ambassadeur se bornaient donc au milieu officiel et aux salons qui s'y rattachaient. Mais là M. Nigra brillait au premier rang. Célibataire, jeune, élégant, lettré, galant, beau cavalier, bien tourné, — quoiqu'il eût plutôt l'air d'un artiste que d'un homme d'État — il avait le plus grand succès auprès des femmes, en dépit d'un accent piémontais assez prononcé et d'un zézaiement rien moins que fascinateur.

Fort bien en Cour, admis et recherché dans l'intimité de l'Impératrice, pour qui il affichait une admiration enthousiaste, il entretenait, en outre, des rapports très suivis avec les sommités de l'art, de la littérature, voire du théâtre, et il connaissait à fond les coulisses et les dessous de la vie de Paris.

Jamais Parisien de naissance ne fut plus boulevardier que ce transalpin.

Le commandeur Nigra était l'élève et le protégé du comte de Cavour, qui l'avait formé et guidé au début de sa carrière et dont il partageait toutes les idées politiques sans en excepter les bons sentiments à l'égard de la France, mais dont il avait aussi le scepticisme et le patriotisme exclusif. Je ne voudrais pas jurer que, lorsque, en compagnie du comte de Metternich, il ferma la portière du fiacre qui emportait l'Impératrice sur le chemin de l'exil, le serrement de cœur qu'il éprouva, sans doute, en présence de cette grande infortune, n'ait pas été un peu adouci par la conviction que le principal, sinon le seul obstacle à la réalisation de ses espérances et au couronnement de ses efforts disparaissait avec la dynastie impériale. Que ceux qui n'ont jamais fait de politique lui jettent la première pierre !...

Une physionomie bien curieuse et bien intéressante, c'était celle du comte de Goltz, ambassadeur de Prusse. J'ai eu occasion de le voir souvent, et c'est un des personnages qui me sont le mieux restés gravés dans la mémoire.

Rien de moins prussien, en apparence, que ce beau parleur, très en dehors, souple, gouailleur, gesticulateur, rempli d'esprit, de gaieté et de bonhomie, faisant des mots, racontant des anecdotes à pouffer de rire, et cachant sous cette forme légère, accompagnée d'une extrême amabilité, une perspicacité effrayante et des aptitudes diplomatiques de premier ordre.

J'imagine que celui-là suivait notre Empereur comme certain Anglais suivait le dompteur... avec l'idée fixe de se donner le spectacle de son inévitable fin tragique. Il ne me paraît pas douteux, en tous cas, qu'il avait eu longtemps à l'avance la perception très nette de l'infériorité de nos forces, et qu'il renseigna très exactement, sur ce point essentiel, la chancellerie de Berlin. Malheureusement pour lui, il ne put jouir du triomphe des siens, ayant été, dès 1869, éloigné de son poste par l'horrible maladie qui l'enleva si rapidement.

C'était, à tout prendre, un homme charmant que le comte de Goltz, d'un commerce agréable et qui avait sur bien d'autres l'immense avantage de faire consciencieusement et intelligemment son métier sans se croire obligé d'être pédant, brutal et agressif.

Parmi les représentants des Cours secondaires, je citerai le comte de Moltke, ministre de Danemark, qui, à l'époque dont je parle, avait déjà, par un long séjour, acquis droit de cité à Paris, où il était traité non en étranger, mais en compatriote et en ami. Son grand air, ses façons de gentilhomme, son tact admirable lui avaient valu d'occuper à la Cour et à la ville une place exceptionnelle, qu'il a conservée à travers tous les événements et que sa gracieuse et intelligente femme, élevée en France avec la crème de la jeunesse féminine de la société, n'avait pas peu contribué à lui procurer.

Que dire de Mgr Chigi, le nonce du Pape?

C'était le type du prélat romain, correct, soigné, aimable, insinuant, pétri de finesse italienne et de sous-entendus ecclésiastiques, bon, jovial et d'une incontestable habileté. Sa bête noire était M. de la Valette, à qui il attribuait, à tort ou à raison, des dispositions hostiles à la Papauté, et dont il redoutait au delà de tout l'arrivée aux Affaires étrangères. Rien n'était plus amusant, sur la fin du ministère du marquis de Moustier, que de l'entendre conter ses doléances à ce sujet à Saint-Vallier et à Ducros-Aubert — un chef et un sous-chef de cabinet comme on n'en reverra pas de sitôt — qui avaient toute sa confiance et qui finissaient toujours par le calmer.

XI

Le ministère des affaires étrangères. — Les fêtes de l'hôtel du quai d'Orsay. — Le marquis de Moustiers. — Les raouts et les grands dîners donnés par ce ministre. — L'Empereur et M. de Moustiers. — Composition brillante de son cabinet. — Ambassadeurs et ministres de l'ancienne carrière. — Bals costumés du comte Walewski en 1856. — La comtesse Walewska en *Diane chasseresse*. — Un chiffonnier du grand monde. — Le cabinet du ministre des affaires étrangères les jours de bals costumés. — Le boudoir de l'Impératrice. — La souveraine en domino. — Les sollicitenses. — Les Sosies de l'Empereur. — Amusantes méprises.

A côté du corps diplomatique et se confondant sous bien des rapports avec lui, il y avait le ministère des affaires étrangères ; département ministériel spécial, très différent des autres et qui présentait un caractère mondain et indépendant que ne possédaient point au même degré ses semblables.

La composition cosmopolite des fêtes de l'hôtel du quai d'Orsay, leur allure diplomatique et fashionable autant que l'origine, les traditions et la situation personnelle de la majorité des ministres qui l'habitèrent successivement pendant les dix-huit années de l'Empire, lui imprimaient un cachet tout particulier.

On y voyait un peu de tout et on y rencontrait des personnes d'opinions politiques très opposées au gouvernement existant qui ne croyaient nullement se compromettre en s'y montrant.

Cette singularité s'accentua davantage, et devint plus frappante que jamais, du temps du marquis de Moustiers, qui resta, comme on sait, de 1867 à 1869, aux affaires. Rattaché au faubourg Saint-Germain par sa naissance, ses alliances et des relations antérieures à son entrée dans la carrière diplomatique, où il n'avait débuté que fort tard par le grade de ministre plénipotentiaire, le marquis, qui aimait le monde et qui y faisait bonne figure, recevait énormément. On peut dire, sans exagération, que tout ce qui avait un nom dans la société parisienne fréquentait chez lui. Je dois ajouter toutefois, pour être vrai, que s'il y avait mélange à ses réceptions, il n'y avait pas toujours fusion complète, et qu'aux grands jours, la coterie des *purs*, cantonnée dans un salon et isolée de la masse des invités, se tenait volontairement à l'écart.

Mais, les soirs de raouts ordinaires, on avait soin de composer la liste d'une façon aussi intelligente que possible ; on séparait les catégories, on lançait les invitations par groupes sympathiques, et il était telles de ces réunions où l'on aurait pu se croire, non dans les salons d'un ministre de Napoléon III, mais dans ceux d'une duchesse de la rue de Varenne.

Les dîners, surtout, étaient d'une élégance incomparable et organisés avec un art infini. Je me souviens d'un, entre autres, de trente couverts, donné pendant l'hiver de 1868, qui réunissait les sommités du noble faubourg et qui fut pyramidal.

Tout cela n'empêchait point M. de Moustiers d'être entièrement dévoué au régime impérial et très attaché à l'Empereur, qui avait d'autant plus d'estime pour lui qu'il s'affranchissait, avec une désinvolture et un sans-façon inouïs, des exigences de l'étiquette et de la subordination et qu'en toutes circonstances, il prétendait conserver son entière liberté d'action. Cette nature originale et fière plaisait au souverain, habitué à plus de servilité, et il riait de très bon cœur des incartades, parfois un peu risquées, de son ministre.

C'était, d'ailleurs, un homme de grand mérite que le marquis de Moustiers, d'une haute intelligence, d'une rare distinction d'esprit et de manières, d'une bonté et d'un charme inexprimables. Il avait toutes les qualités du véritable homme d'État, et il aurait probablement joué un rôle plus considérable que celui qui lui est échu dans l'histoire de notre pays si la mort n'était venue le surprendre en 1869, au moment même où ses lumières pouvaient être de la plus grande utilité.

Son cabinet, qui avait au ministère une importance que n'ont eue ni ceux qui l'ont précédé ni ceux qui l'ont suivi, fut des plus brillants. La plupart des secrétaires ou attachés qui en faisaient partie étaient bien posés dans le monde, très lancés, très en évidence et semblaient avoir devant eux un superbe avenir.

Le renversement de l'Empire et les passions aveugles en ont décidé autrement. Les neuf dixièmes d'entre nous ont dû interrompre leur carrière et quitter le service actif. Néanmoins, il est curieux de constater que, parmi les cinq ou six ambassadeurs ou chefs de mission actuels qui appartiennent à l'ancien personnel, trois, et des plus importants, sont des épaves du cabinet Moustiers : M. de Laboulaye, ambassadeur à Saint-Pétersbourg ; M. de Montebello, ambassadeur à Constantinople, et M. Bourée, ministre à Bruxelles, sont sortis de cette pépinière, qui a fourni aussi un de nos meilleurs représentants à Berlin, le comte de Saint-Vallier, et un très distingué secrétaire de la Présidence sous le maréchal de Mac-Mahon, le vicomte Emmanuel d'Harcourt.

C'est au ministère des affaires étrangères que, peu après la naissance du Prince Impérial, furent inaugurés les bals costumés qui ont fait fureur pendant les belles années du règne et que n'ont oubliés aucun des favorisés à qui il a été donné d'y assister.

Le premier de ces bals eut lieu en 1856, alors que le comte Walewski était au pinacle. La comtesse y parut en *Diane chasseresse*, dans tout le rayonnement de la beauté et de la faveur. Un jeune et spirituel gentilhomme, masqué et longtemps impénétrable, s'y fit remarquer par la richesse et l'originalité de son costume et par un mot que n'auraient point désavoué les courtisans du Roi-Soleil. Déguisé en chiffonnier, avec un habit de satin blanc, un crochet en argent et une hotte dorée remplie de bouquets de fleurs qu'il distribuait aux dames, il s'approcha de l'Empereur et éteignit sa lanterne, disant *qu'il avait trouvé un homme...* Est-ce assez œil-de-bœuf !

Il a, du reste, fait son chemin, le gentilhomme en question. Il l'a même si bien fait qu'il occupe encore aujourd'hui un poste élevé dans la diplomatie, ce qui m'impose l'obligation de ne pas le nommer, malgré la terrible démangeaison que j'en ai.

Les jours de bals costumés aux affaires étrangères, le cabinet, débarrassé de son mobilier habituel, était tendu de soie et transformé en boudoir pour l'Impératrice. C'est là qu'elle passait le domino sous lequel elle s'amusait à intriguer d'aimables et galants cavaliers, qui pouvaient, pendant une heure, se croire en bonne fortune, et qui restaient indéfiniment sous le charme de cette soirée, ne devant pas, hélas ! avoir de lendemain.

Le défaut des mascarades ministérielles, réellement très belles et généralement amusantes, c'était l'empreinte officielle dont, malgré tout, elles ne parvenaient pas à se dépouiller complètement et qui leur ôtait un peu de leur attrait. Il y avait là des Excellences, avocats de la veille, qui croyaient devoir pontifier comme au Palais de justice et qui, paraissant se souvenir outre mesure de la salle des Pas-Perdus, prenaient des airs de gravité tout à fait déplacés dans un pareil milieu.

Beaucoup de gens ridicules, au surplus ; et drôles à observer ; à commencer par le monsieur qui voulait, à toute force, faire une déclaration à l'Impératrice, et qui ne parvenait qu'à se rendre grotesque auprès des dames du palais. Un type fréquent aussi

8.

et bien désagréable, c'était celui de la solliciteuse poursuivant sous le masque, au lieu d'une intrigue, une recette générale ou... particulière, suivant, dans ce but intéressé, le pauvre Empereur de salon en salon, l'accablant de déclarations incendiaires et s'acharnant à essayer de lui persuader qu'il avait enfin trouvé la moitié de son âme.

Et, à ce propos, que de réjouissantes méprises! Tous les hommes de petite taille, aux épaules carrées, à la tête légèrement inclinée sur l'épaule, avec un balancement dans la démarche, ou ceux qui laissaient passer, sous le loup, les deux extrémités d'une moustache cirée, étaient invariablement pris pour le souverain qui, lui, s'évertuait à donner le change. Grâce à ces confusions, les aventures pleuvaient souvent sur les êtres les plus insignifiants, et rien n'était plaisant, après un bal costumé, comme d'entendre le récit d'un des dominos qui avaient bénéficié des avances destinées à l'Empereur.

Quelques roués se prêtaient volontairement à cette mystification et se procuraient, de la sorte, des instants délicieux, en échange de la solitude et de l'ennui dont ils étaient menacés. Qui était moins satisfait, par exemple? C'étaient les tourterelles qui, ayant donné dans le panneau, s'apercevaient trop tard qu'on s'était moqué d'elles.

LA VILLE

XII

La société parisienne dans les dernières années de l'Empire. — Tendances marquées dans le sens de la tolérance et de la fusion. — Rareté croissante des bouderies. — Révolution dans le monde élégant par l'apparition d'une nouvelle génération de jolies femmes. — Concurrence aux *cocodettes*. — Renouveau d'animation et d'entrain. — L'hiver de 1868. — Bals costumés. — Le ministère de la marine et la marquise de Chasseloup-Laubat. — Nuit fantastique. — Un commissionnaire et un garde champêtre mystérieux. — Pâtissier et diplomate.

Pendant les deux ou trois dernières années de l'Empire, la société parisienne n'était déjà plus ce qu'elle avait été au début et même au milieu du règne de Napoléon III.

La séparation longtemps très marquée — en dépit d'un grand nombre de conversions individuelles — entre le faubourg Saint-

Germain et le monde des Tuileries, s'effaçait à vue d'œil et devenait de jour en jour moins profonde. Un vent de tolérance et de fusion soufflait sur les salons et, si la vieille aristocratie de naissance, dans son ensemble, n'avait point encore vaincu toutes ses répugnances, si elle persistait, par principe, à ne pas vouloir franchir le seuil du *Château*, elle accueillait, cependant, volontiers les impérialistes que leurs attaches, leur éducation et leurs goûts amenaient à briguer ses faveurs.

Le vieux faubourg, le *gratin*, comme on l'appelait, s'était barricadé dans quelques salons que résumait celui de la duchesse Pozzo, très fermé, très ancien régime, très carrément hostile à l'Empire, où il était encore de bon ton de se faire présenter, mais déjà démodé et délaissé par la brillante jeunesse.

Celui de la duchesse douairière de Doudeauville, où l'usage voulait que les jeunes filles fissent leur entrée dans le monde, animé par la présence de ses deux gracieuses belles-filles, avait un caractère moins sévère et moins exclusif. Celui de la comtesse d'Haussonville était surtout un centre orléaniste et littéraire, raffiné, choisi et fort calme.

Ces trois salons, aussi bien que celui de la duchesse d'Istrie, sœur du comte Frédéric de Lagrange, le célèbre sportman, remontaient à une autre époque. Mais l'hôtel de la rue François Ier, grâce aux éminentes qualités de la duchesse et au charme de ses nièces : Madame de Brézé et madame de la Ferronnays, qui en faisaient les honneurs, s'était modernisé et était resté le rendez-vous de toutes les élégances.

Sauf pour quelques intransigeants, la

plupart d'un âge avancé, aller à la Cour n'était plus un motif d'exclusion ou de blâme, et il était généralement admis qu'un gentilhomme pût, sans déroger, accepter et servir le régime impérial. Il faut dire aussi que l'effectif des bouderus avait singulièrement diminué et que la majorité des jeunes gens du monde, instruite par l'expérience de la génération précédente, embrassait avec d'autant plus d'entrain une carrière que le pouvoir s'empressait de lui en faciliter les moyens.

Dès 1867, un petit noyau de toutes jeunes femmes, parmi les mieux nées, les mieux douées et les plus élégantes, avaient surgi et s'étaient emparées, sans tambour ni trompette, de la direction du mouvement mondain, auquel elles donnèrent une allure à la fois plus aristocratique et plus éclectique que par le passé.

Les unes, comme la duchesse de Bisaccia et la comtesse de Moltke, d'origine étrangère, quoique élevées et acclimatées en France, toutes deux, d'ailleurs, d'une grande distinction et d'une élévation de sentiments peu commune, ne se souciaient ni des opinions politiques ni des mesquineries dictées par un étroit esprit de coterie. D'autres, comme la comtesse de Beaumont, née Castries, et la baronne de Coriolis, étaient gracieuses, insouciantes, rieuses, accueillantes et naturelles par inclination et par organisation. La première, au surplus, d'une intelligence très ouverte, très primesautière, et d'une indépendance d'idées rare chez son sexe, avait, par son mariage avec un capitaine des dragons de l'Impératrice — aujourd'hui général — un pied dans le monde officiel.

D'autres, enfin, comme madame Othenin

d'Haussonville, qui se rattachait à un milieu plus tranché et, politiquement, plus exclusif, avaient, malgré tout, de proches parents dans l'armée et la diplomatie, et, bien que forcément un peu plus réservées au fond, ne se montraient ni moins affables, ni moins allantes que leurs amies. Toutes, à coup sûr, étaient aimables, simples, séduisantes, pleines de jeunesse, d'exubérance et de vie.

Grâce à ces dons, grâce au prestige et à l'autorité de leurs noms, à la qualité et à la variété de leurs relations, grâce aussi, convenons-en, à l'attrait de la nouveauté, ces dames avaient un peu supplanté les *cocodettes*, qui, auparavant, régnaient sans partage sur la Cour et la ville, et donnaient seules le ton à la partie militante du *high life*. Toutefois, ces dernières, c'est-à-dire la comtesse de Pourtalès, la marquise de

Galliffet, la princesse de Sagan, la princesse de Metternich, la vicomtesse de Ganay, etc., etc., étaient bien loin d'avoir disparu de l'horizon. Elles voyaient se dresser devant elles une concurrence redoutable ; mais le succès vertigineux et mérité qui les a suivies longtemps après cette époque ne les abandonnait point. Elles continuaient la série de leurs triomphes.

Aux réunions d'apparat, du reste, aux grands raouts et aux bals, les deux groupes se réunissaient et se mélangeaient. Toutefois, ils ne se confondaient qu'imparfaitement. Chacun avait ses intimes et ses fidèles, et il existait entre eux une rivalité des plus caractérisées.

Un tel état de choses ne pouvait manquer, non seulement de modifier la physionomie de ce qu'on est convenu d'appeler la société, mais encore de lui imprimer un renouveau d'animation, de luxe, d'ardeur au plaisir. Jamais, en effet, pendant toute la durée du second Empire, il n'y eut un élan plus général, plus de fougue, plus d'élégance, plus d'envie de s'amuser, plus de fêtes étourdissantes et plus de jolies personnes en lumière que durant la période comprise entre l'Exposition et l'année terrible. On eût dit que tout ce brillant monde sentait sa fin prochaine et voulait jouir de son reste.

L'hiver de 1868, surtout, fut des plus remuants et des plus enlevés. Les bals, les soirées, les réceptions intimes, les parties de spectacle ne discontinuaient pas. On se prit, tout à coup, d'engouement pour les bals costumés qui, précédemment, étaient, en quelque sorte, l'apanage des sphères gouvernementales, et il y en eut plusieurs d'une splendeur, d'une bonne humeur et d'une composition véritablement exceptionnelles.

Celui de la duchesse de Bisaccia ouvrit la marche et fut, sans contredit, hors de pair. L'entrée d'une *Noce de village*, où figurait la fleur des jeunes femmes à la mode et des cavaliers de leur entourage, provoqua un enthousiasme inimaginable. Madame de Beaumont, en mariée, dans toute la fraîcheur et toute la perfection de sa sculpturale beauté, ravissante de grâce et de simplicité, attirait tous les regards. Madame de Montgomery, en uniforme de cantinière des hussards jonquille de la première République, la pelisse à brandebourgs d'argent crânement jetée sur l'épaule, emprisonnait dans le plus coquet des dolmans une taille délicieusement cambrée et laissait voir sous sa jupe écourtée le plus joli petit pied qu'il soit possible de rêver.

Madame de Galliffet, parée d'un magnifique costume Renaissance qui faisait on ne peut mieux ressortir la finesse et la pureté de ses traits, n'avait jamais été plus admirée ni plus dans son élément.

Que sais-je encore? Tout Paris était là sous les déguisements les plus beaux, les plus riches, les mieux compris et les mieux portés que j'aie vus. Ce fut une fête unique dans son genre, à laquelle on ne peut comparer, en tenant compte de la différence des situations, que les grands bals costumés du ministère de la marine, du temps du marquis et de la marquise de Chasseloup-Laubat.

Charmante et originale personnalité que celle de cette frêle marquise, avec son type créole, son joli visage, ses façons nonchalantes et sa nature exquise, faite d'intelligence et de bonté ! Elle n'avait pas l'air d'y toucher et elle présidait à ravir à ces bals merveilleux, dont le point culminant a été la fameuse soirée où parurent les *Cinq parties du monde*, représentées par cinq femmes remarquablement belles, au milieu desquelles se détachait et resplendissait entre toutes madame Anatole Bartholoni.

Le bal Bisaccia fut suivi, à courte distance, d'un autre moins grandiose sans doute, mais tout aussi réussi et, peut-être, plus amusant, chez la comtesse de Montgomery. Un quadrille de *forts de la halle*, avec leurs *bourgeoises* en costumes du *Marché des Innocents*, un des meilleurs ballets de l'ancien opéra, fut pour beaucoup dans le caractère de franche gaité et d'élégant laisser-aller de cette nuit de carnaval. Je ne crois pas en avoir passé, dans toute ma jeunesse, une plus agréable.

C'était un tourbillonnement inénarrable

de jolies femmes, de toilettes étincelantes, de costumes comiques, de têtes invraisemblables et de danses folles ; un échange ininterrompu de propos galants et de mots à l'emporte-pièce, mêlés de bruyants éclats de rire. Un *commissionnaire* et un *garde champêtre* mystérieux intriguèrent pendant plusieurs heures, sans être reconnus, de belles dames qui paraissaient fort agitées.

Mais le masque le plus intarissable et le plus remarqué ce fut un *pâtissier* — si je ne me trompe, le marquis de Galliffet — qui, assis sur les marches de l'escalier conduisant au second étage de l'hôtel, apostrophait à tort et à travers les invités avec une verve gouailleuse et une liberté de langage souvent très embarrassantes pour le patient.

Passe un diplomate connu, prétentieux,

gourmé et costumé en ambassadeur de la Restauration :

— Tiens ! la défroque de M. de Talleyrand ! Excusez du peu !...

— Occupe-toi donc de tes petits fours, *feuilleté* !

— Et toi, méfie-toi des grands. On n'en fait pas d'autres dans votre partie...

. . . .

XIII

La saison mondaine de 1869. — Une grande *redoute* à l'ambassade d'Autriche. — Bal de domestiques. — Un valet de pied homme du monde. — Les bals de l'Hôtel de Ville et le baron Haussmann. — Fête donnée en l'honneur du prince et de la princesse Frédéric-Charles de Prusse. — Toilettes à sensation. — Les mardis d'Arsène Houssaye. — Le double hôtel de l'Avenue Friedland. — Souvenirs et regrets.

En 1869, la saison mondaine eut un tout autre aspect que celle de l'année précédente. La gaîté, l'entrain, l'envie de se réunir et de s'amuser n'avaient point disparu, tant s'en faut; mais les plaisirs étaient plus dispersés et, dans la coterie la plus élégante et la plus lancée, la fureur des grands bals costumés s'était éteinte.

Quelques-uns des principaux éléments d'animation et de concentration faisaient, d'ailleurs, défaut. L'hôtel Bisaccia, dont les propriétaires étaient partis pour Madère avec leur fils gravement malade, avait fermé ses portes. La marquise de Galliffet, de son côté, passait l'hiver en Algérie auprès de son mari, qui commandait le 3ᵉ chasseurs d'Afrique. Elle en revint avec un teint basané qui lui allait à ravir et sur lequel elle se laissait plaisanter avec infiniment de bonne grâce.

Cependant, à l'ambassade d'Autriche, il y eut une *redoute* splendide — la plus belle, peut-être, de toutes celles qu'ait données la princesse de Metternich — qui fit grand bruit dans Landerneau, tant par son éclat que par la vivacité et l'acrimonie des propos échangés entre deux ou trois dominos, facilement reconnaissables, et une demi-douzaine d'habits noirs très en évidence.

Il s'agissait d'un petit bal intime offert, quelques jours auparavant, à ces dames par un aimable célibataire et auquel elles avaient cru pouvoir se rendre sans inconvénient, ce qui, d'après certains *on-dit* sujets à caution, aurait provoqué, de la part de quelques-uns de leurs amis, des critiques un peu sévères. De là, colère et indignation féroces des délinquantes; soif de vengeance et de représailles : attaques virulentes sous le masque; révolte courtoise des assiégés, d'abord interloqués, et grandissime émoi dans l'assistance.

La princesse, en domino noir, et madame de Pourtalès, dans le plus provocant des costumes d'almée, moulant dans la perfection sa ravissante tournure, déployèrent une activité et une verve intarissables. Elles allaient de groupe en groupe, houspillant tous les cavaliers, secouant les plus apathiques et donnant la riposte à tout venant. C'était un feu roulant d'agaceries, de taquineries, d'allusions directes et d'apostrophes, parfois très dures sous leur forme spirituelle et de bonne compagnie. Jamais bal masqué de la société n'avait présenté autant de fougue et de bruyante agitation. C'est assez dire que, sur le moment, il se trouva, parmi les invités, pas mal de mécontents. Mais comme, en définitive, il n'y avait pas, dans tout cela, de quoi fouetter un chat, dès le lendemain les nuages étaient dissipés et on restait dans les meilleurs termes.

Quelque temps après cette fête à sensation, la comtesse de Pourtalès eut l'idée originale d'organiser, dans son magnifique hôtel de la rue Tronchet, un bal en petit comité, où le costume de domestique était de rigueur. Je vois encore, au bas de l'escalier, le comte Robert de l'Aigle, aujourd'hui député et grave père de famille, dans une superbe livrée de valet de pied et annonçant d'une voix de stentor les arrivants. Il était méconnaissable et si bien dans la peau de son personnage que, de prime abord, on le prenait pour un véritable serviteur de la maison. Ce que voyant, il se livrait incontinent sur la personne du naïf invité à quelque familiarité burlesque qui coupait court à la méprise et provoquait de la part de la galerie une explosion de fou rire...

Inutile d'ajouter qu'il y eut des puritains et des snobs qui crièrent à l'inconvenance et qui trouvèrent fort déplacé que les maîtres compromissent ainsi leur dignité et leur prestige devant la valetaille. Comme si les gens du monde, hélas! ne se diminuaient pas tous les jours bien autrement, et à plus juste titre, au yeux des classes inférieures ! Mais on laissa grogner les pointus ; on s'amusa énormément et on garda de cette soirée un excellent souvenir.

Cette année-là aussi la Préfecture de la Seine, où trônait le baron Haussmann, de grandiose et célèbre mémoire — n'en déplaise aux conseillers municipaux que nous avons le bonheur de posséder — exhiba plus que jamais toutes ses splendeurs.

A l'occasion du séjour à Paris du prince et de la princesse Frédéric-Charles de Prusse, il y eut à l'Hôtel de V*** un grand bal peut-être un peu froid, mais incontestablement très beau. Les toilettes y furent d'une élégance et d'une richesse prodigieuses, à commencer par celle de l'Altesse allemande, qui portait un diadème éblouissant évalué à plusieurs millions. La princesse Souwaroff, une Russe piquante, qui se faisait non moins remarquer par ses prodigalités et ses allures tapageuses que par sa beauté, avait une toilette à effet que l'on estimait plus de trente mille francs. Madame Woronine, une autre Russe très à la mode, était également resplendissante, et la jolie madame Randouin, en deuil récent, apparaissait comme la séduction même dans une robe de tulle et de taffetas blanc avec une traine ornée de boules de neige et de feuillages noirs.

Impossible, du reste, d'imaginer rien de plus magnifique et de plus parfait que les bals de l'Hôtel de Ville de ce temps-là. Depuis l'escalier gardé par deux énormes Suisses admirablement dressés à sonner les commandeurs et les grands-croix, jusqu'à l'air imposant du baron et de la baronne entourés de leur cour, jusqu'aux proportions monumentales et au luxe fastueux des appartements, tout était merveilleux. Pas de réceptions officielles plus courues ni plus enviées.

Le bon emplacement, le plus frais, le plus favorable à la causerie et au *flirt*, et celui que préféraient les habitués, était la petite galerie de feuillage qui dominait l'escalier de sortie. On y entendait au loin les sons de l'orchestre et le murmure du bal tandis que, près de soi, le calme était complet.

Que dirai-je, après cela, des fameux mardis d'Arsène Houssaye inaugurés, pendant l'année 1869, dans son double hôtel de l'avenue Friedland, et dont on a tant parlé ?

Ces réunions d'un genre à part et d'une saveur toute particulière, étaient l'expression d'une époque et d'un monde à jamais disparus. Raffinées et désordonnées tout à la fois, très savantes sous une négligence apparente, elles étaient somptueuses et légèrement débraillées par places.

Il y avait des paletots qui se perdaient dans le pêle-mêle du vestiaire et des raisons qui s'abîmaient au fond des coupes. En revanche, on trouvait dans les salons des cœurs, des *loups* de satin, des cravates blanches illustres et des étoiles lumineuses, telles que Marie Sass, Galli-Marié et bien d'autres dont j'ai oublié les noms; beaucoup d'artistes, de femmes charmantes appartenant à la catégorie indécise des *demi-castors*, la crème de la haute galanterie et quelques grandes dames faisant *incognito* l'école buissonnière.

En arrivant, les femmes montaient au second étage pour se froufrouter encore une une fois, — coup de rigueur. A côté du vestiaire des dames se trouvaient deux salons où étaient entassés des cigares et des cigarettes, des sièges moelleux et des objets d'art. On descendait l'escalier et on entrait dans la grande galerie toute pleine de tableaux précieux. On traversait ensuite un salon jaune, laissant un boudoir sombre à droite — ah! s'il pouvait parler, ce boudoir! — et, par une pièce étroite, on pénétrait dans deux salles où étaient disposés des rafraîchissements et des fruits couchés sur un lit de mousse. On ne buvait que du champagne.

Ce qu'il s'est dépensé de gaieté, d'esprit, de coquetterie dans ces nuits fantastiques; ce qu'elles ont engendré d'aventures, de romans parisiens, de petits cancans et de grandes intrigues est difficile à décrire. Ce que peuvent affirmer tous ceux qui en étaient, c'est qu'elles avaient un cachet unique et un charme inexprimable, qu'elles ne ressemblaient à rien de connu, de déjà vu et qu'on en emportait une impression délicieuse. Donnons-leur une pensée et un regret, car elles sont au nombre des choses que nous ne sommes pas près de revoir.

XIV

L'ancien Opéra. — Les bals de l'Opéra à la fin du second Empire. — Une nouvelle Tour de Nesle. — Une ténébreuse affaire au bal de l'Opéra. — Inauguration du cercle des Patineurs. — Clôture de la saison mondaine. — Le printemps de 1869. — Parties en *mails* aux environs de Paris. — *La Vallée aux Loups*. — Histoire piquante et inédite.

A la fin du second Empire, l'ancien Opéra — celui de la rue Le Peletier — qui ne devait survivre que bien peu de temps à la dynastie napoléonienne, était aussi en faveur et aussi couru que jamais. La bonne compagnie en conservait encore le monopole, et il avait gardé tout son cachet d'élégance et de bon ton.

Les bals masqués avaient lieu régulièrement chaque samedi pendant toute la durée du carnaval. Ils étaient très fréquentés et très brillants, quoique déjà transformés et un peu déchus de leur splendeur d'antan. Les hommes du monde n'y allaient plus en *lanciers polonais* ou en *débardeurs*, comme sous le règne de Louis-Philippe, et se contentaient d'y paraitre en habit noir. Mais tous ceux qui menaient la vie à grandes guides et qui avaient quelque prétention au bel air n'auraient eu garde d'y manquer. Les deux ou trois clubs principaux y occupaient des loges spéciales, et y faisaient la pluie et le beau temps. L'élément bourgeois et terre-à-terre y était très peu représenté et disparaissait, en tout cas, dans la masse des mondains et des beaux messieurs en quête de bonnes fortunes.

Les masques, très nombreux, très animés, et, pour la plupart, déguisés de la façon la plus pittoresque, se livraient sans désemparer à des danses échevelées et, par leur entrain endiablé, par leurs exclamations bruyantes, par des saillies continuelles de l'esprit parisien le plus drôle et souvent le plus mordant, donnaient à la salle et aux couloirs l'aspect le plus riant, le plus amusant et le plus curieux qui se puisse imaginer.

Le spectacle en vogue, *l'attraction régnante* était le quadrille de Clodoche, dont tous les cavaliers — chose bizarre — appartenant, disait-on, à l'intéressante corporation des croque-morts, n'avaient rien moins que des attitudes funèbres et élevaient le *cancan* le plus abracadabrant à la hauteur d'une véritable institution. Cette troupe frénétique et désopilante tenait à honneur de danser devant l'avant-scène du Jockey-Club, dans laquelle son illustre chef, un type étonnant, pénétrait même, de temps à autre, pour recueillir respectueusement les compliments et les encouragements de ces messieurs.

Quant aux dominos, ils étaient presque tous d'une rare élégance, d'une simplicité voulue et d'une irréprochable correction ; mais le diable n'y perdait rien. Les demi-mondaines célèbres, les actrices en renom, et les quelques femmes de la société en escapades extra-conjugales qui les portaient faisaient assaut de verve, de malice, de coquetterie raffinée et d'agaceries émoustillantes. On s'empilait dans le fond des loges avec un abandon qui ne manquait pas d'un certain charme... Les intrigues, les mystifications, le *flirt* poussé jusqu'à ses extrêmes limites, les scènes de jalousie, les surprises agréables ou parfaitement désobligeantes, ne discontinuaient pas, et les lendemains de bals de l'Opéra étaient ordinairement très agités par le récit des petites histoires scandaleuses ou simplement burlesques de la veille.

Sous ce rapport, le carnaval de 1869 fut palpitant d'intérêt et d'imprévu. A peine était-on au milieu de la saison que, dans les salons et les clubs, il n'était bruit que de la mésaventure extraordinaire de quatre grandes dames connues, qui allaient tous les samedis au bal de l'Opéra.

Elles avaient loué, dans le quartier des Saints-Pères — amère ironie ! — un appartement dont elles faisaient leur Tour de Nesle, et un soir qu'elles avaient ramené quatre *titis* de forte encolure, elles firent tant de tapage, dans leur tour, que la police dut intervenir et que l'on eut toutes les peines du monde à les tirer de ce mauvais pas. On n'est pas plus régence.

La rumeur causée par cet esclandre commençait à s'apaiser, lorsqu'une ténébreuse affaire, beaucoup plus grave, celle-là, que la première, éclata comme une bombe et vint jeter le trouble dans le clan des viveurs et des habitués de l'Opéra. Une demoiselle de mœurs légères, répondant au nom aristocratique d'Anna de Narbonne, prétendit avoir été chargée, par une duchesse authentique en mésintelligence avec son mari, de porter à ce dernier, en plein bal de la rue Le Peletier, des bonbons qui, d'après elle, devaient être empoisonnés. Cette aimable jeune personne fit ses confidences à la police et, sur sa dénonciation, la duchesse fut bel et bien arrêtée en compagnie d'un comte polonais, qui passait pour être un peu plus que son ami.

Fort heureusement pour les inculpés, l'instruction aboutit à une ordonnance de non-lieu, à la suite de l'examen chimique des bonbons, et l'incident se termina pacifiquement par une visite de remerciements du duc — trop heureux d'en avoir été quitte pour la peur — à la Préfecture de police. Mais, pendant un instant, quel sujet de conversations, de préoccupations et d'inquiétude parmi les maris plus ou moins en délicatesse avec leurs tendres moitiés !

Entre temps, on inaugurait, au bois de Boulogne, dans le local du tir aux pigeons, le *Skating-Club*, que quelques jeunes seigneurs à la mode, virtuoses du patinage, venaient de fonder — jusque-là, on avait patiné sur le petit lac. Il y eut à cette occasion une très belle fête à laquelle l'Empereur et l'Impératrice assistèrent.

La Souveraine, accompagnée de mademoiselle Marion, patina avec ardeur, mêlée à la foule comme une simple mortelle et excita l'admiration de tous les spectateurs, tant elle était charmante de grâce, de distinction et de noble simplicité.

Ce jour-là, on faisait circuler dans les groupes la nouvelle du prétendu mariage de M. Édouard André, député du Gard, avec mademoiselle Rouher, mariage que l'on disait arrangé et sur le point de se conclure. Mais ce n'était qu'un vulgaire canard et, la semaine suivante, M. André, interrogé à ce sujet, dans les couloirs de la Chambre, par un de ses amis, le démentait catégoriquement :

— Mademoiselle Rouher est catholique, répondit-il. Moi, je suis protestant et, dans ma famille, on ne s'allie qu'avec des protestants.

Cet archi-millionnaire, qui s'est longtemps obstiné à rester célibataire, était le point de mire des faiseuses de mariages de tous les mondes. On le mariait constamment à tort et à travers sans qu'il y eût songé. Il a fini par s'en lasser, et il a coupé court aux conjectures et aux espérances en épousant, il y a quelques années, une artiste de grand talent et de beaucoup de charme.

Mais revenons à 1869. La fin de l'hiver fut aussi brillante et aussi animée que le commencement. Les comédies et les soirées Kersaint, qui, en dépit d'épisodes assez étranges, furent très suivies, et un magnifique concert chez la princesse Charles de Beauvau en marquèrent la clôture.

Le printemps venu, ce fut le tour des parties de campagne. La coterie élégante s'en était engouée et, deux ou trois fois par semaine, un peloton de *mails*, bondés de jolies femmes et de fringants boute-en-train, partait de chez l'une ou l'autre de ces dames pour les environs de Paris. On allait dîner dans un cabaret de Saint-Germain, de Ville-d'Avray, de Saint-Cloud ou de Meudon, et, comme on était entre intimes, comme on se voyait journellement, ces petites excursions étaient d'une gaieté et d'un agrément à nuls autres pareils.

Dans les intervalles, les réunions sans cérémonies et les *garden-parties* se succédaient ininterrompues. Au nombre des plus amusantes et des plus recherchées, il faut compter celles de la comtesse de Beaumont, qui habitait alors le rez-de-chaussée de l'hôtel de Castries.

L'année précédente, au déclin de la saison mondaine de Paris, le duc et la duchesse de Bisaccia, installés dans leur délicieux cottage de la *Vallée aux Loups*, y avaient reçu continuellement pendant plus d'un mois, tout ce qui faisait partie de leurs relations habituelles.

C'était le but préféré de toutes les promenades. On y dinait sur l'herbe, on y flânait sous les grands arbres du parc, on y causait comme on ne cause plus et on rentrait très tard en ville, par un beau clair de lune, voyant la vie en rose et ne songeant pas au lendemain.

Outre les jeunes amies de la duchesse que j'ai déjà nommées et leurs maris, les assidus de la *Vallée aux Loups* étaient le duc et la duchesse de Doudeauville, le vicomte et la vicomtesse de Courcy, le comte Hallez-Claparède, le vicomte d'Harcourt, le comte Arthur de Louvencourt, le duc de Vallombrosa, père de cet énergique et vaillant marquis de Morès, qui a mené une si vigoureuse campagne contre Constans, et cinq ou six autres.

J'allais oublier une historiette assez piquante, je crois très peu sue, et qui vaut la peine d'être contée. C'était au commencement de l'été de 1869. Le prince de Galles, le prince de Sagan, le prince d'Hénin et un parent de l'Empereur avaient organisé un goûter à Trianon. L'empereur, averti par son parent, envoya ses voitures, son cuisinier et son service. Le prince de Sagan et le prince d'Hénin, qui n'étaient pas présentés à la Cour, apprenant ce qui s'était passé, refusèrent d'aller au rendez-vous, et la petite fête fut manquée. On pense si cette déconvenue fit le bonheur de quelques douairières intraitables du faubourg auxquelles elle fut discrètement rapportée.

XV

L'été qui a précédé celui de la guerre. — Le château de Mouchy. — *Les Cascades de Mouchy*. — Le père Dormeuil. — Anecdotes invraisemblables. — Un bal phénoménal offert au vice-roi d'Égypte. — Deux beautés hors concours. — La fête de Mello — Le chant du cygne.

L'été qui précéda celui de la guerre fut exceptionnellement vivant. Le château de Mouchy donna l'impulsion et ouvrit, à deux reprises, ses portes à l'élite de la société parisienne; une première fois à l'entrée de la belle saison, en l'honneur de je ne sais plus quelle grande duchesse de Russie, une autre fois en juillet, pour célébrer l'élection du duc, justement aimé et populaire dans la contrée.

Ce soir-là, le parc, éclairé à l'électricité, projetait des lueurs fantastiques sur le vieux manoir à tourelles et à clochetons, admirablement restauré, qui se mirait mélancoliquement dans les eaux limpides de l'étang creusé à ses pieds. La fête, organisée avec le goût parfait et la merveilleuse entente de l'hospitalité seigneuriale qui caractérisent les châtelains, fut, de tout point, splendide. Elle rappelait, par plus d'un côté, celle qui avait eu lieu en 1863, à l'occasion de la fameuse représentation des *Cascades de Mouchy*, œuvre de début du marquis de Massa, qui fit sensation dans le monde élégant et doit, par conséquent, trouver place dans ces souvenirs.

M. de Mouchy, alors garçon, avait demandé à la princesse de Sagan de l'aider, pour la circonstance, à faire les honneurs de sa maison. Les invités, c'est-à-dire la fleur des *cocodès* et des *cocodettes* et tout le Jockey-Club, — M. Lupin en tête, — arrivèrent par un train spécial et s'en allèrent de même. La vie au château était à peu près celle de Compiègne : promenades en chars à bancs, tir au pigeon, etc.., et, le soir, répétition.

On s'y amusait follement, aux répétitions. Les choses se passaient en famille, entre gens d'esprit, et on ne tarissait pas de plaisanteries, de petites farces, quelquefois assez pimentées, de franche et débordante gaieté. Les mots drôles, les scènes comiques, les dialogues inattendus se renouvelaient à chaque instant: Je n'en veux citer ici que deux exemples particulièrement divertissants et qui ont fait la joie de notre génération.

Pour son coup d'essai, M. de Massa avait cru utile de s'adjoindre un habile metteur en scène en la personne du père Dormeuil. Ce Dormeuil, ancien directeur et ancien acteur du Palais-Royal, ayant joué dans toutes les pièces de Dumanoir et Clairville, était un vieillard à cheveux blancs, avec le menton soigneusement rasé, un habit à boutons de métal, un gilet à jabot et une canne à pomme d'or qu'il tenait d'une main en compagnie de son chapeau, tandis que de l'autre, il ne quittait jamais sa tabatière. C'était un vrai type de père noble du *Gymnase*, poli, majestueux, observant les convenances et très préoccupé de ne point se départir des règles les plus strictes de l'étiquette.

Mais, par malheur, de temps en temps, le régisseur de profession reprenait le dessus et laissait percer le bout de l'oreille de la façon la plus cocasse. Un jour, entre autres, après avoir prié, à plusieurs reprises et en employant les formules les plus obséquieuses, une de ces dames de ralentir son débit : — Madame la comtesse veut-elle bien ralentir cette tirade?.... Bien doucement, n'est-ce pas? Madame......, n'obtenant pas gain de cause, la patience lui échappe et, tout à coup il s'écrie :

— Mais, sacredieu! mon enfant, je t'ai déjà dit que tu cours la poste!!!... Oh! pardon, madame la comtesse...

Vous voyez d'ici l'explosion de rire de la comtesse et l'hilarité qui s'empara des assistants.

Le lendemain, ce fut bien pire. Un très brillant, très spirituel et très aimable gentleman, qui ne se piquait nullement de bien jouer la comédie et qui n'avait accepté un emploi dans la troupe qu'à son corps défendant, par complaisance, était en train de répéter, — assez médiocrement, il faut l'avouer, — lorsqu'on entendit le père Dormeuil grommeler quelque chose entre ses dents. L'acteur s'arrête ; il se fait un grand silence :

— Vous dites, monsieur Dormeuil ?

Et le bonhomme, continuant tout haut comme s'il se parlait à lui-même :

— Ah ! j'en ai vu des mauvais, dans ma longue carrière !... J'en ai vu des bien mauvais ! Je n'en ai jamais vu un comme celui-là...

Il va s'en dire que l'objet de cette pétrifiante boutade fut le premier à s'en réjouir. Il ne se troubla nullement et profita avec empressement de l'occasion pour passer son rôle à M. Emmanuel Bocher, qui le joua à ravir.

Sur la revue en elle-même, remplie de talent, d'humour et de finesse, je ne m'étendrai pas. Elle a eu un immense succès et a été reproduite en entier dans le *Nain jaune*, dirigé à cette époque par Aurélien Scholl, déjà très lié avec Philippo de Massa.

Deux femmes seulement, madame de Galliffet et madame de Pourtalès, y figuraient. Madame de Pourtalès, la plus ravissante commère du monde, conduisait la représentation avec beaucoup de désinvolture. Les deux compères étaient le marquis de Galliffet, à peine remis de la blessure grave qu'il avait reçue au siège de Puebla, portant à lui seul presque tout le poids de la pièce, et M. Charles Haas, un *Méphistophélès* étincelant de malice diabolique et saisissant de naturel et de vérité.

En juillet 1869, cette fête hors ligne était déjà bien oubliée, — on oublie si vite à Paris, — mais on parlait encore de celle que le duc et la duchesse de Mouchy venaient de donner, quand un banquier d'origine exotique, aussi opulent que répandu, M. Hermann Oppenheim, offrit un bal phénoménal au vice-roi d'Égypte qui à ce moment-là, comme on sait, nous honorait de sa présence.

Impossible d'imaginer rien de plus somptueux, de plus magnifique et tout ensemble de plus prétentieux. Les plates-bandes du jardin étaient dessinées en contours lumineux par des verres de couleurs. La serre garnie de fleurs des tropiques, transformée en salon d'été, avait un plafond de gaze bleue et jaune lamée d'or. Une vaste galerie construite en quelques jours, servait de salle de danse. Les murs de cette galerie étaient tapissés de glaces gigantesques, drapées de rideaux de satin rose ornés de garnitures vertes, dans lesquelles se reflétaient des lustres flamboyants qui tombaient du plafond. A gauche et à droite, des dragons ailés jetaient à flots par la gueule une eau transparente et rafraîchissante qui tombait en cascades dans des vasques de marbre. Des treillages d'or couraient partout...

Un véritable palais des Mille et une Nuits et le triomphe du *rastaquouérisme* tout à la fois. Un monde énorme, de toute provenance et de tout acabit : des personnages officiels, des étoiles de la bonne compagnie, des étrangers, des financiers, des clients, des curieux. Des toilettes splendides et des diamants à profusion.

La reine du bal était la belle comtesse Eugène de Mercy-Argenteau, née Chimay, l'une des beautés les plus complètes et, à mon humble avis, la femme la plus séduisante de son temps. La régularité et la finesse des traits, l'expression, la ligne, la tournure, la taille, la distinction, la race, la grâce, le charme, l'intelligence, le sens artistique, rien ne lui manquait. Tout ce qui attire, éblouit et attache, elle le possédait au suprême degré. L'ombre de madame Tallien, qui, on ne l'ignore pas, fut princesse de Chimay, planait sur elle.

Même son originalité, son indépendance et sa fantaisie, son indifférence pour le monde, son parti pris évident, parfois très critiqué, d'accentuer sa personnalité et de ne s'inféoder à aucune coterie, avaient un attrait irrésistible et la distinguaient de ses rivales.

Parmi ces dernières, il en était une d'un genre tout différent, extrêmement belle et extrêmement captivante aussi, ayant, comme la superbe comtesse, un cachet très personnel, mais avec des dons moins variés et des séductions d'une autre nature; une Diane chasseresse, tandis que madame de Mercy pouvait plutôt être comparée à Junon. J'ai nommé la marquise de Canisy.

Bien qu'elle ne recherchât point l'éclat, elle était accueillie et choyée partout et elle eut des succès plus enviables et plus flatteurs que n'importe qui.

Pour en finir avec les plaisirs de l'année 1869, il me reste à parler de la brillante réception du château de Mello, qui, dans la seconde quinzaine de décembre, éclaira d'une dernière lueur les ébats d'une société menacée d'un cataclysme prochain.

Le prince et la princesse de Sagan ont invité toute leur liste. Le 19, à sept heures et demie du soir, la gare du Nord ressemblait à l'entrée de l'Opéra. Les hommes, gantés de blanc, sont boutonnés dans leurs paletots. Les femmes passent rapidement, soutenant d'une main leurs longues traines. Les voyageurs ordinaires regardent hébétés. Après une heure et demie, on arrive. Accueil des plus aimables. On se cherche, on se retrouve ; quelques-uns ont fait dix lieues en voiture. Il y a des robes chiffonnées, des coiffures un peu de travers ; quelques boucles défrisées, mais on en prend gaiement son parti.

La soirée débute par une opérette, *le Lion de Saint-Marc*, suivie de *l'Homme n'est pas parfait* ; le tout très bien joué par une petite troupe d'amateurs. Un souper assis de cent couverts est ensuite servi dans cinq salles à manger qui se suivent en enfilade. Puis on danse jusqu'au matin dans le grand salon du premier étage, plein des émaux les plus rares et des objets d'art les plus introuvables... Le chant du cygne !

XVI

Une bande de jeunes gens d'humeur batailleuse. — Duels répétés et sérieux. — Série de duels retentissants en 1869. — *Figures de cire.* — Dénouements dramatiques. — Dernière rencontre. — Emotion comique des gens de robe. — Un président qui ne plaisante pas. — Plaidoirie éloquente d'un homme du monde. — La paille humide des cachots. — La fête du 15 août. — Le Napoléon de Courbevoie.

Il y avait à Paris, à l'époque que j'essaie de faire revivre dans ces pages, une bande de jeunes gens, appartenant au monde de la bourgeoisie ou des lettres, qui avaient l'humeur batailleuse, le poing sur la hanche et qui disputaient le haut du pavé aux viveurs de marque.

Parmi eux figuraient, en première ligne,

MM. Gaston Jollivet, non encore incorporé dans la presse; Carle des Perrières, déjà journaliste, et Léon Chapron, en passe de le devenir. Ces messieurs, qui étaient d'un courage à toute épreuve et qui ne demandaient qu'à mettre flamberge au vent, allaient si facilement et si fréquemment sur le terrain que, dans le courant de 1868 seulement, Gaston Jollivet eut, pour son compte personnel, trois affaires d'honneur — la dernière avec M. Xavier Feuillant, qui lui logea une balle dans l'aine.

Mais c'est surtout en 1869 que les duels se multiplièrent et furent aussi retentissants que sérieux, ce qui n'est pas peu dire. On semblait vouloir revenir aux beaux jours de la Restauration, où l'on dégainait à propos de bottes, sous un réverbère et, à partir du printemps, les rencontres se succédèrent par séries, presque sans interruption. Ce fut Carle des Perrières qui commença les hostilités.

Au mois d'avril, il publia dans le *Nain jaune* une suite de portraits intitulés *Figures de cire*, très incisifs, très mordants, et au nombre desquels il s'en trouvait trois ou quatre on ne peut plus désagréables pour quelques individualités parisiennes plus ou moins en évidence. Les modèles les plus abimés, bien qu'on ne les eût point nommés, crurent devoir se reconnaître et demandèrent réparation par les armes à l'auteur de leurs silhouettes.

Arthur Meyer, présentement directeur du *Gaulois*, était un de ceux-là et il envoya le premier ses témoins à des Perrières. Un duel au pistolet s'ensuivit. Quatre balles furent échangées et, à la seconde fois, Meyer, qui — il est juste de le constater — avait montré dans cette circonstance une correction et une crânerie auxquelles il dut beaucoup de sympathies, tomba frappé au flanc d'un projectile que l'on ne put extraire et qu'il garde encore aujourd'hui.

Après quoi, Carle des Perrières se battit à l'épée avec M. du Lau ; et le marquis de Modène avec un duelliste de profession, lequel, plus tard, a mal fini, puisqu'il a été tué en duel malgré une cuirasse sous laquelle il s'abritait prudemment dans toutes ses rencontres.

Sans oublier l'affaire Paul de Cassagnac-Flourens, une des plus graves et des plus passionnantes que la politique ait engendrées.

Puis, tout à coup, vers la fin de septembre, on apprit la nouvelle du duel du comte de Beaumont avec M. Hallez-Claparède, duel qui faillit coûter la vie à ce dernier, atteint en pleine poitrine et traversé de part en part.

Grande émotion dans les régions mondaines, où le bruit courait que de nouveaux engagements devaient avoir lieu à bref délai.

Effectivement, peu de jours après, on annonçait que M. de Beaumont s'était battu au sabre, dans une île badoise du Rhin, avec le prince de Metternich et qu'il l'avait grièvement blessé au bras d'un formidable coup de pointe. Le caractère diplomatique de l'un des deux champions, ambassadeur d'une grande puissance, le mystère et les précautions dont il avait fallu s'entourer en présence d'une situation aussi exceptionnelle, étaient bien faits pour éveiller la curiosité et pour défrayer la chronique. C'est ce qui ne manqua pas d'arriver ; et, pendant toute une semaine, dans la société et ailleurs, on ne s'occupa guère d'autre chose.

Enfin, dans le même temps, je dus moi-même m'aligner avec le vicomte Frédéric de Beaumont, attaché comme moi au cabinet du prince de La Tour d'Auvergne et, après deux reprises, je reçus, au défaut de l'épaule, un maître coup de rapière...

C'en était trop. Tout ce cliquetis d'épées avait agacé les nerfs des gens de robe qui jugèrent à propos d'intervenir, et il s'en fallut de peu que mon adversaire et nos témoins ne fissent connaissance avec *la paille humide des cachots.*

Ils furent cités tous les cinq à comparaître au Tribunal correctionnel. Le président, M. Brunet — devenu depuis sénateur et ministre — n'entendait pas la plaisanterie. Il traitait les accusés de Turc à More et se drapait dans sa dignité avec des sévérités de langage assez déplacées en pareil cas. Pour un peu, il aurait requis la peine de mort.

Mon premier témoin, le baron de Larcinty (l'autre était mon collègue Georges d'Hérisson) dont on connaît la bravoure proverbiale, la fougue impétueuse et la verve intarissable, voulut se défendre lui-même. Il parla pendant trois quarts d'heure, houspilla d'importance ces bons magistrats, leur prouva très drôlement que le code de l'honneur échappait à leur compétence, les appela des Laubardemont et plaida avec tant de conviction, de chaleur et d'esprit, que les juges lui octroyèrent, ainsi qu'à ses compagnons... quinze jours de prison.

Il ne les fit jamais, d'ailleurs. Ce qui ne l'empêche pas de me les reprocher amicalement toutes les fois que nous nous rencontrons.

M. de Lareinty est, au surplus, le seul des quatre témoins de cette affaire qui soit encore vivant — et bien vivant, je vous en réponds. Les trois autres, le comte Gédéon de Clermont-Tonnerre, le comte d'Hendecour, officier d'ordonnance de l'Empereur, tué à Sedan, et Georges d'Hérisson, ont quitté ce monde depuis plusieurs années. Quoi de plus attristant que de voir ainsi disparaître ceux dont l'existence a été mêlée à la vôtre?...

En 1869, ayant été retenu tout l'été à Paris par mon service, j'assistai à la fête du 15 août et je dois dire que je fus fort impressionné par son manque d'animation et de brillant. Ce n'était plus ce que j'avais vu au début de ma carrière.

Le 15 août, qui ne ressemblait que très vaguement au 14 juillet, qui était, à la fois, plus officiel et plus parisien, dans le sens élégant du mot, avait dégénéré comme le reste. Le bal Morel, fréquenté jadis par les grandes étoiles de la haute galanterie — d'une tout autre essence que les *horizontales* actuelles et d'un niveau très supérieur au leur — qui y allaient en grisettes, et par les hommes à la mode, tels que Grammont-Caderousse et consorts, était fort délaissé. Les *clubmen*, devenus moins bruyants et moins gais, n'envahissaient plus les baraques de l'esplanade des Invalides comme autrefois, et le peuple, de son côté, paraissait indifférent et sombre. Il y avait de la tristesse dans l'air, des espaces vides : un je ne sais quoi de morne et de lugubre, par moments, qui vous serrait le cœur.

J'ai toujours eu horreur des foules; mais, ce soir-là, il m'en souvient, j'étais encore plus mal disposé que de coutume. Et comme je promenais mon ennui aux Champs-Elysées, faisant à part moi des réflexions plutôt pénibles, je rencontrai un de mes amis :

— Vous n'avez pas l'air de vous amuser énormément, me dit-il en m'abordant.

— Ma foi, non! Ni vous non plus.

— Oh! moi, je suis troublé par ce que je viens de voir…

— Quoi donc?

— Vous savez que la statue de Napoléon, la vraie, l'historique, celle à la redingote et au petit chapeau, descendue de la colonne Vendôme, a été transportée à Courbevoie, un endroit maussade et mélancolique. Eh bien! dans ce nouvel exil, on l'a complètement oubliée. Le hasard m'a fait passer par là, ce soir, en revenant de Bougival. L'obscurité la plus noire : pas une lueur, pas un lampion, rien. Les illuminations et les fusées éclairaient le ciel au-dessus de Paris; mais personne n'avait songé au malheureux Napoléon de Courbevoie… Tristes et cruelles, mon cher ami, cette solitude et cette nuit autour de ce bronze légendaire!… J'avais envie d'acheter quatre lanternes chez un épicier et de les attacher aux quatre coins de la grille.

LES THÉATRES
LA LITTERATURE ET LES BEAUX-ARTS

XVII

Les théâtres parisiens en 1869. — Les Italiens. — La salle Ventadour. — La Patti. — Les trois anabaptistes. — L'étoile devient planète et veut avoir un satellite. — Les adieux. — Une étoile du Nord et un chien de Terre-Neuve. — Le *Ballo in maschera* aux Italiens. — Nicolini et mademoiselle de Murska. — Le souper d'adieux de mademoiselle Elluini. — Une étonnante correspondance électrique. — Le mot de la fin.

Ce ne fut pas une année brillante pour les théâtres que celle qui porte le millésime de 1869. Ils étaient, en général, dans le marasme et ne réalisaient que de piètres bénéfices.

Les gens de la vieille école, les réfractaires à toute innovation — et il n'en manquait pas — attribuaient cet état de choses au régime de liberté récemment inauguré, qu'ils s'obstinaient à regarder comme funeste et qu'ils rendaient seul responsable du discrédit relatif dans lequel les spectacles parisiens semblaient être tombés.

C'était évidemment aller trop loin. Mais il est certain que l'on se trouvait alors dans une période de transition et que les tâtonnements de rigueur dans le fonctionnement initial du système de la libre concurrence, succédant à celui du monopole, pouvaient jeter une défaveur momentanée sur un certain nombre de théâtres.

Cependant, sans parler des scènes subventionnées, telles que l'Opéra et la Comédie-Française, il était un théâtre, mondain et fashionable par excellence, qui avait conservé, malgré tout, la vogue et l'éclat des beaux jours et pour lequel la société continuait à manifester la prédilection très marquée qu'elle avait constamment eue pour lui dès son origine. C'était les *Italiens*.

Quelle salle que celle-là! Et comme elle répondait bien aux exigences particulières des spectateurs choisis qui en faisaient la réputation, la réussite et l'agrément! Aujourd'hui qu'elle a été transformée en une vulgaire maison de banque et que tout est si changé autour de nous que nous avons presque complétement perdu la notion de ce temps-là, c'est à peine s'il est possible d'en donner une idée vague à ceux qui ne l'ont point vue.

Qu'on se figure un salon plutôt qu'un théâtre, où tout était disposé, agencé et merveilleusement calculé au double point de vue de la représentation et des entr'actes. Le vaste couloir qui donnait accès aux fauteuils d'orchestre et les traversait dans toute leur longueur, le rang de loges découvertes derrière lesquelles circulaient les cavaliers les plus élégants et les plus haut côtés de Paris, l'ouverture spacieuse qui conduisait à cette rangée de loges et d'où la lorgnette embrassait facilement la salle entière étaient autant d'éléments d'animation et de confort et présentaient un coup d'œil que la présence des femmes en grande toilette à l'orchestre ne contribuait pas médiocrement à embellir.

Quant aux loges fermées, elles étaient plus attrayantes, plus gaies, plus amusantes que dans les autres théâtres sans en excepter même l'Opéra. On y causait davantage, on y échangeait plus de visites et, si elles n'étaient pas aussi hospitalières qu'en Italie, elles empruntaient, du moins, aux mœurs théâtrales de ce pays, une partie de leur sociabilité.

Quoi d'étonnant, après cela, à ce que la

salle Ventadour fût le rendez-vous habituel de la bonne compagnie? Elle l'était à ce point qu'un homme à la mode n'eût pas manqué, pour tout l'or du monde, de s'y montrer, ne fût-ce qu'un instant, avant d'aller au bal, et j'en ai connu qui, trouvant la musique le plus coûteux et le plus désagréable des bruits, se seraient crus déshonorés si leur place était restée vide un soir d'Alboni ou de Patti.

Depuis l'époque des *Bouffons*, l'histoire anecdotique des Italiens donnerait matière à des volumes. Et, sans vouloir remonter trop haut, que de souvenirs se rattachent aux débuts de la Patti sur cette scène qui devait être le point de départ de sa foudroyante célébrité!

Aucun de mes contemporains n'a oublié, j'en suis sûr, le trio de *gentlemen* que nous avions surnommés *les trois anabaptistes*:

un écuyer de l'Empereur, un sportsman, un diplomate, qui invariablement assis au premier rang des fauteuils d'orchestre dès le lever du rideau, les yeux fixés sur l'étoile naissante, émus, attentifs, passionnés, ne perdaient pas une note, ne laissaient passer, sans les souligner d'applaudissements ou de murmures approbatifs, ni une des roulades ni un des trilles sortis du gosier de leur divinité et paraissaient être le complément indispensable de toute bonne représentation.

Plus tard, le trio se changea en chœur. Une rangée entière de gilets ouverts jusque... à la ceinture et d'habits noirs à gardénias grossirent le noyau des admirateurs ordinaires de la diva. Sa réputation était faite.

Puis l'étoile devint planète et voulut avoir un satellite. Elle daigna descendre sur la terre pour y cueillir un des anabaptistes auquel elle s'unit par les liens prosaïques du mariage. Après quoi elle remonta au ciel. — je veux dire sur les planches.

Toutefois, celles de Paris ne la revirent que fort peu, et elle y chanta pour la dernière fois en novembre 1869, dans une soirée d'adieux qui eut le caractère d'un véritable triomphe. Les abonnés lui firent une ovation sans précédent. Ce n'était que l'avant-goût de celles qui l'attendaient à Saint-Pétersbourg...

Nous eûmes, cet hiver-là, pour nous consoler du départ de notre idole, une étoile du Nord, mademoiselle de Murska, qui venait de faire les délices de Vienne, de Londres, de Prague et autres lieux. Elle avait du talent, du charme et, par-dessus tout, de l'originalité. Les histoires les plus romanesques couraient sur son compte, ses allures étaient étranges : on la voyait partout, même dans les coulisses, suivie d'un énorme terre-neuve.

Il n'en fallait pas plus pour lui attirer la sympathie des Parisiens. Aussi, lorsqu'elle chanta avec Nicolini le *Ballo in maschera*, fut-elle très goûtée et très applaudie. Mais le célèbre ténor qui lui donnait la réplique n'était pas, il faut en convenir, sans lui porter quelque ombrage, car il détournait l'attention à son profit et c'était souvent sur lui que se braquaient les lorgnettes — les lorgnettes féminines surtout.

Ses admiratrices trouvaient qu'il ressemblait à Mario, dont il avait effectivement un faux air avec infiniment moins de distinction. Ces dames en avaient la tête tournée et il réussit au-delà de son mérite ; ce qui eut une influence décisive sur le reste de sa carrière et vraisemblablement aussi sur le couronnement inattendu de sa vie privée...

Au moment où Adelina Patti adressait ses adieux au public, une fort jolie personne aussi remarquée autour du lac que dans les théâtres de genre et en partance pour le Brésil, où elle venait de contracter un engagement, mademoiselle Elluini, faisait les siens, dans un souper fin, à ses amis.

On but force champagne, les imaginations s'enflammèrent, on s'attendrit, on se fit les yeux doux. Tant et si bien qu'un des convives très exalté, croyant que la petite fête doit avoir un lendemain, vole au télégraphe et la correspondance suivante s'engage :

PREMIÈRE DÉPÊCHE

« Si vous pas partir Rio Janeiro, quel dédit vous payer au directeur ? »

Réponse (payée)

« Trente-cinq mille francs. »

DEUXIÈME DÉPÊCHE

« Moi donner trente-cinq mille francs. Vous pas partir. Moi plus *Janeiro* que *Rio*. »

Mise en défiance par le calembour, la jeune beauté réplique :

« No *Rio* pas, c'est sérieux. Aurais rapporté million du voyage. Si déposez million chez notaire, pars plus. »

Réponse

« Manquent neuf cent soixante-cinq mille francs pour faire million. »

Le dernier mot de ce dialogue électrique fut : *Zut !...*

XVIII

L'Opéra. — Le Ballet. — Les coulisses de l'Opéra. — L'Empereur à l'Opéra. — L'Empereur et l'Impératrice à la reprise de la *Dame de Monsoreau*. — Les pièces à sensation de l'année 1869. — Victorien Sardou et Ed. Pailleron. — Apparition de Thérésa au théâtre. — Le *Petit Faust* et la *Diva*. — Déclin d'Offenbach. — Anecdotes théâtrales.

A l'Opéra, que dirigeait alors M. Perrin, on résolut de monter *Faust*, qui n'avait encore été joué qu'au Théâtre-Lyrique. L'entreprise présentait certaines difficultés. Il était à craindre que, dans ce nouveau cadre, le chef-d'œuvre de Gounod, écrit pour une scène de dimensions plus modestes, ne produisît pas tout son effet, et les pessimistes prévoyaient déjà un échec.

Mais ils comptaient sans l'habileté et l'énergie de M. Perrin. Celui-ci n'était pas homme à s'arrêter devant les obstacles. Il obtint du maëstro qu'il enrichît sa partition du superbe ballet que l'on connaît et, grâce à cette adjonction, complétée par les splendeurs d'une mise en scène sans égale, *Faust*, rajeuni, élargi et chanté avec une rare perfection par l'incomparable Nilsson, eut un plein succès.

Le ballet, d'ailleurs, bien que négligé depuis quelques années, avait, dans ce temps-là à l'Opéra, une importance et une valeur beaucoup plus grandes que de nos jours. Les abonnés du sexe laid y attachaient un très grand prix et n'auraient point souffert que la direction ne répondît pas, à cet égard, à leurs désirs et à leurs goûts.

Ces messieurs étaient tout-puissants et leur volonté décidait en dernier ressort.

Seuls, ou à peu près seuls, ils avaient leurs entrées dans les coulisses, rigoureusement fermées à la vile multitude, et ils y faisaient la pluie et le beau temps. Le Jockey-Club, en particulier, dont une cinquantaine de membres occupaient sept avant-scènes, uniquement composées d'hommes, était en nombre au foyer de la danse — un véritable salon — y régnait sans partage et fournissait la plupart des protecteurs en renom de ces demoiselles du corps de ballet.

Il fallait voir quelles attentions et quels égards on avait pour eux. De quel ton ils donnaient des conseils au directeur et avec quelle déférence on les écoutait. Que tout cela est changé!

Les vieilles traditions étaient destinées à être ensevelies sous les décombres de l'édifice de la rue Le Peletier. Pendant les représentations de *Faust*, la construction du nouveau bâtiment marchait à pas de géant et était déjà fort avancée. On travaillait à la rampe qui devait conduire à la loge impériale et qui ne servit qu'aux équipages démocratiques de présidents d'une simple République...

Encore ne les y a-t-on aperçus que rarement. L'Empereur, au contraire, quoiqu'il détestât la musique, croyait de son devoir de se montrer assez fréquemment à l'Opéra. Il y allait toujours en grande cérémonie, escorté par le peloton de cavalerie de la garde de service aux Tuileries et avait l'air de s'y ennuyer prodigieusement.

Au mois d'octobre de 1869, il quitta Compiègne pour trois ou quatre jours et arriva un soir à l'improviste dans sa loge. La salle entière se leva et l'acclama avec enthousiasme ; ce à quoi il parut être très sensible.

C'est la seule fois que je l'aie vu se dérider un peu dans ce théâtre.

Il se plaisait davantage dans les autres, et je me souviens que, la même année, il riait de très bon cœur à la *Dame de Monsoreau*, à la reprise de laquelle il assistait à la Porte-Saint-Martin avec l'Impératrice. La souveraine, en toilette gris perle, garnie de guipure blanche, était attentive et absorbée. Elle se retournait seulement, de temps à autre, pour adresser la parole au marquis de Trévise et au comte de Cossé-Brissac qui l'accompagnaient. En face, mesdemoiselles d'Albe, en blanc, se faisaient remarquer par leur grâce juvénile.

En dehors de cette reprise de la *Dame de Monsoreau*, il n'y eut guère que deux pièces à sensation pendant la saison. M. Ed. Pailleron, avec les *Faux Ménages*, et M. Victorien Sardou, avec *Patrie*, cueillirent presque à eux seuls tous les lauriers.

Sardou avait commencé par *Séraphine*, très bien jouée par Berton et par la délicieuse Antonine, que l'auteur appréciait fort et que, d'après la rumeur publique, il était même sur le point d'épouser. L'œuvre fut très discutée et ne réussit qu'à moitié. Mais le drame de *Patrie* enleva tous les suffrages et fit courir tout Paris. Les pointus eurent beau en contester l'originalité et prétendre qu'il était emprunté à un opéra italien et à la *Bataille de Toulouse* de Méry, le triomphe de Sardou n'en fut pas amoindri et il devint très rapidement le lion du jour.

Plus tard, comme on était retombé dans le calme plat, un événement inattendu vint tout à coup éveiller l'attention des dilettantes. Ce fut l'apparition de Thérésa au théâtre.

La célèbre chanteuse de cafés-concerts, dont la vogue phénoménale a été tant reprochée à notre génération et qui s'est vue bien dépassée depuis dans ce qu'elle pouvait avoir de vulgaire et de choquant, avait disparu de l'horizon et s'était retirée à Asnières, où on la croyait à tout jamais ensevelie dans une existence bourgeoise et incolore. Grandes furent donc la surprise et la curiosité lorsqu'on apprit qu'elle allait débuter au Châtelet dans la *Chatte blanche*.

Les clubs et les salons, à commencer, bien entendu, par madame de Metternich, s'y précipitèrent à l'envi et ne lui marchandèrent point les applaudissements. Affaire de reconnaissance et de souvenir, j'imagine : car il s'en fallait de beaucoup que son incontestable talent eût gagné à cet avatar et je crois bien qu'elle aurait mieux fait de s'en tenir à sa première manière.

Ce qu'il y eut de plus amusant, à ce moment-là, c'est certainement le *Petit Faust*, auquel cette belle, bonne et plantureuse réjouie de Blanche d'Antigny, merveilleusement secondée par Milher, donnait une saveur extrême. Cette opérette, d'un genre à part et d'un compositeur nouveau, fut d'autant plus goûtée que la verve d'Offenbach commençait à se tarir. Sa *Diva*, représentée aux Bouffes, passa à peu près inaperçue. A la première représentation, le public fut d'une froideur insolite; mais il se produisit dans les coulisses quelque chose d'assez drôle, qui égaya fortement les habitués.

Le directeur — Jules Noriac — avait autorisé Isabelle, la bouquetière du Jockey-Club, à vendre des fleurs sous le péristyle du théâtre. Pendant un entr'acte, le contrôleur, brave et digne homme s'il en fut, vertueux père de famille, peu au courant des us et coutumes de la grande vie, entre, la figure à l'envers, dans le cabinet de Noriac :

— Vous savez, monsieur, si je suis un homme à faire perdre la place de quelqu'un. Mais il y a des cas...

— Qu'y a-t-il donc?

— Vous savez bien, la nouvelle bouquetière?... Mais elle est là-bas comme chez elle, elle salue tout le monde, cause avec tout le monde, serre la main à tout le monde.

— Eh bien?

— Eh bien! monsieur, ça ne peut pas être une honnête fille...

Pour toute réponse, Noriac se contenta de partir d'un éclat de rire, et la *Diva* qui n'était autre qu'Hortense Schneider, en apprenant l'incident, pensa en faire une maladie.

A propos d'anecdotes théâtrales, il m'en

revient une à l'esprit, qui date de la même époque et qui vaut son pesant d'or.

On sait que Siraudin, vaudevilliste et homme de lettres, très spirituel et très connu sur le pavé de Paris, avait eu, à un moment donné, la singulière idée de se faire confiseur et d'installer rue de la Paix un magasin ultra-élégant que l'on disait être commandité par M. de Morny.

Or, un beau jour, retiré du commerce et redevenu littérateur, ledit Siraudin éprouva le besoin bien naturel d'orner sa boutonnière d'un morceau de ruban rouge. Poussé par le démon de l'ambition, il s'adressa à un personnage influent de ses amis, qui se chargea de faire les démarches nécessaires et lui laissa même entrevoir la probabilité de réussir.

Quel ne fut donc pas son étonnement lorsque, un matin, appelé en toute hâte chez son protecteur, il le trouve la mine toute déconfite :

— Mon cher monsieur, vous me voyez absolument désolé ! J'ai remué ciel et terre ; mais j'ai complètement échoué. Le ministre n'aurait pas mieux demandé que de vous accorder une distinction à laquelle il reconnait que vous avez des titres. Seulement... vous comprenez... le magasin de confiserie... C'est impossible, matériellement impossible.

— Alors, dit Siraudin très nerveux, c'est parce que j'ai vendu des bonbons que l'on ne veut pas me décorer ? Je vous ferai observer que le duc d'Aumale vend son vin, que M. de Béhague vend ses cochons et n'en rougit point, que bien d'autres vendent leur blé ; et je ne vois vraiment pas ce que les marrons glacés ont de plus déshonorant que les marchandises que je viens d'énumérer.

— Que voulez-vous ! C'est injuste, mais c'est comme cela.

— Fort bien ; il ne me reste plus qu'à vous remercier et à me retirer. Mais, auparavant, laissez-moi vous conter une petite histoire que vous pourrez servir à l'occasion à Son Excellence : Il y avait une fois un ministre de l'intérieur qui fit appeler un de ses fidèles employés. On lui répondit : « X. n'est pas venu : son père est mort. » Le ministre s'inclina devant cette excuse funèbre.

Au bout d'un mois, le ministre manda de nouveau X. On lui répliqua : « X. n'est pas venu : son père est mort. » — « Ah ! oui, je me rappelle », fit le grand chef un peu surpris de ce deuil prolongé.

Trois semaines après ce mois, le ministre demanda X. On lui répondit selon la formule : « X. n'est pas venu : son père est mort. » — « Ah çà ! mais, reprit le ministre, est-ce qu'il ne viendra pas à son bureau tant que son père sera mort ? »

« Eh bien ! il est évident, ajoute gravement Siraudin, que si on ne me décore pas tant que j'aurai vendu de la confiture, on ne me décorera jamais. » Et, là-dessus, il serre la main de son ami et s'en va...

XIX

Le livre et le journal. — Ceci tuera cela. — La littérature à la fin de l'Empire. — Les maîtres naturalistes. — L'Académie française. — Un mot sur M. Guizot. — Une lettre de l'Empereur. — Mort de Lamartine. — Les livres éclos en 1869. — Les Beaux-Arts. — Le Salon de 1869. — Le groupe de Carpeaux à l'Opéra. — Histoire d'une tache d'encre. — La musique. — Mort de Berlioz. — Le maëstro Gounod à la Trappe.

On entend répéter sans cesse que le journal est en passe de tuer le livre et que, de nos jours, il n'y a plus de lecteurs que pour les innombrables feuilles quotidiennes dont la France est inondée — j'allais dire infestée.

A première vue, l'assertion paraît juste et, logiquement, ce devrait être là, en effet, le résultat du développement excessif de la presse périodique. Mais, en cela comme en cent autres choses, il se trouve que les faits démentent en partie la théorie et vont à l'encontre du raisonnement.

C'est ainsi que, sous le second Empire, où il paraissait infiniment moins de gazettes qu'aujourd'hui, la production littéraire, l'avalanche des livres de toute espèce, était fort loin d'atteindre les proportions qu'elle a prises depuis.

La littérature, d'ailleurs, d'un niveau élevé, d'une allure délicate et réservée, était encore l'apanage exclusif d'un contingent restreint de gens de talent ou d'une certaine culture intellectuelle.

Le goût de la lecture ne s'était pas vulgarisé au point où il l'est actuellement. On lisait peut-être autant; mais il y avait moins de liseurs, moins d'auteurs et d'ouvrages nouveaux surtout.

Une vente limitée à ce qui avait le plus de réputation et de vogue, mais assurée et continuelle ; une clientèle peu étendue, mais solide et persévérante : tel était le bilan de la librairie. Presque pas de réclame payée. Heureux temps pour les éditeurs !...

Le besoin d'innover, le mouvement en avant, sauf chez quelques précurseurs méconnus, n'existait qu'en germe. Les lettrés tenaient, en général, pour les romantiques et pour leurs disciples.

M. Zola n'était pas inventé. Pas nés, non plus, les décadents, déliquescents et autres messieurs en *ent* dont est affligée notre époque.

Quant au naturalisme, le vrai — à ne pas confondre avec les élucubrations insensées qui usurpent son nom — il était représenté, dans ce qu'il avait de sensé et d'acceptable, par Flaubert, par les frères de Goncourt, par

Ernest Feydeau, etc... C'est à eux, et non aux aimables farceurs qui, plus tard, ont voulu se parer des plumes du paon, qu'en revient la paternité.

On pense si leurs œuvres étaient controversées, épluchées, critiquées. *Madame Gervaisais*, publié par les Goncourt dans les premiers mois de 1869 et qui renfermait des délicatesses charmantes, des subtilités d'analyse dignes de Balzac, fut assez mal accueilli.

Les purs trouvaient que les deux auteurs n'écrivaient pas bien, dans le sens classique du mot; qu'ils écrivaient *curieusement, en artistes*, et beaucoup leur reprochaient des témérités de style et de pensée inouïes.

L'Académie française, où l'intrépide Zola, s'il avait existé, n'aurait même pas essayé de pénétrer, malgré son grand talent, maintenait scrupuleusement sa tradition. Elle ne faisait que très peu de concessions au pouvoir, et — ce qui prouve que rien n'est nouveau sous le soleil — elle s'amusait, de temps à autre, à lui donner une petite leçon. Les cabales, les commérages, les intrigues de coterie et de salon allaient bon train et avaient, comme toujours, une influence énorme sur le choix des immortels.

La mort ayant frappé à coups redoublés au sein de l'illustre compagnie et porté à cinq le nombre des académiciens à remplacer, MM. d'Haussonville, Auguste Barbier, de Champagny et Théophile Gautier se mirent sur les rangs.

M. de Pontmartin, gentilhomme de race, légitimiste ardent et écrivain de grande envergure, aurait pu briguer la succession de Berryer; on s'attendait à ce qu'il le fît.

Mais il ne le voulut point et déclina publiquement toute candidature par une lettre des plus spirituelles adressée au *Figaro*.

Il y eut deux tours de scrutin. Au second, Théophile Gauthier resta sur le carreau, et MM. d'Haussonville, Barbier et de Champagny furent seuls élus.

L'élection de ce dernier donna lieu à des commentaires, à des récriminations et à des doléances interminables.

Les mécontents prétendirent que c'était la faute de M. Guizot, qui ne voulait pour confrères que des hommes bien pensants, amis du Pape :

— Ce diable de Guizot, dit quelqu'un, il n'y a pas de protestant qui soit meilleur catholique !

Cette fournée académique, au demeurant, provoqua plus d'un incident. Elle fournit à l'Empereur l'occasion de donner une preuve éclatante de modération et de sagesse. Ne voulant pas placer MM. d'Haussonville et

Barbier dans une situation embarrassante, ou égard à leurs opinions politiques, il les dispensa de la visite traditionnelle par une lettre qui restera comme un modèle de haute convenance, de tact et d'habileté. Je ne saurais trop la recommander aux méditations des opportunistes.

En ce moment, Lamartine mourut. La fin obscure et attristée du poète illustre, du grand rêveur qui, longtemps endormi à la cadence de ses vers comme, sur un lac paisible, s'endort le nautonier, avait dédaigné de pourvoir à son avenir, retentit douloureusement dans tous les cœurs généreux et accessibles aux nobles émotions.

Car ce génie, cet orateur aux envolées vertigineuses, ce patriote ardent et chevaleresque, qui avait rempli l'Europe de son nom, s'était éteint dans la souffrance et dans la gêne, abandonné, démodé, amoindri, humilie, lui qui avait été presque un demi-dieu, qui avait respiré à pleins poumons l'encens de la gloire!...

En apprenant la nouvelle de sa mort, un de ses anciens amis, qu'on voudra bien me dispenser de nommer, prononça ce mot cruel : « Il est bien tard! »

Non, il n'était pas trop tard. Lamartine venait d'entrer dans la postérité, qui déjà l'a vengé.

Quantité d'ouvrages remarquables, retentissants ou intéressants, pour le moins, datent de 1869. Sans parler de *l'Homme qui rit* de Victor Hugo, qui, j'en demande pardon aux hugolâtres, ne m'inspire qu'une médiocre admiration, ce fut cette année-là que parurent *Ladislas Bolski* de M. Cherbuliez; les *Nouvelles Odes funambulesques* de Théodore de Banville, feu d'artifice étourdissant tiré dans les jambes du gouvernement; *Parisine*, de Nestor Roqueplan, une charge à fond contre le cosmopolitisme; *Les Parisiennes* d'Arsène Houssaye; le *Roman d'un conspirateur*, par M. Ranc; la *Peine de mort*, par M. Jules Simon; enfin le *Péché de Madeleine*, roman anonyme plein de souffle, de sentiment et de talent, publié par la *Revue de Deux-Mondes*, qui eut un immense succès et intrigua furieusement la Cour et la ville.

On l'avait, d'abord, attribué à madame Piscatory, puis à madame de Bernis; et il n'était ni de l'une ni de l'autre de ces dames. Les méchantes langues disaient que madame de Bernis, qui avait, pourtant, assez d'esprit pour ne pas avoir besoin d'en emprunter à autrui, acceptait volontiers les compliments et laissait supposer que le livre était sorti de sa plume. Je n'en crois pas un mot. Toujours est-il que ce cancan parvint aux oreilles de l'auteur qui, très agacé, se décida à quitter le masque. On apprit alors que c'était... madame Caro.

Sous le rapport des beaux-arts, peu de choses saillantes à noter. Au *Salon*, auquel les élections font du tort, les visiteurs sont clairsemés ; la politique absorbe tout. Sur quatre mille tableaux et statues, deux cents, au plus, méritent l'attention des connaisseurs. La guerre est passée de mode ; c'est la femme couchée qui domine.

Cependant *le Repos après la manœuvre*, de Detaille, produit un grand effet et met le jeune peintre militaire en évidence. On parle énormément de lui. *L'Assomption*, de Bonnat, obtient la médaille d'honneur. Chenavard, avec sa *Divine tragédie*, page philosophique éloquente, ne réussit qu'à s'attirer les sévérités de la critique. Plusieurs beaux portraits : celui du maréchal

Prim par Regnault, pas parfait, mais empoignant et peint avec une rare énergie; celui de M. Duruy par mademoiselle Jaquemart (aujourd'hui madame Édouard André), son meilleur suivant moi, et un autre excellent de Carolus Duran. C'est, avec le *Parnasse* de Bouguereau, tout ce dont je me souviens.

Entre temps, Carpeaux achevait le groupe de la Danse qui orne la façade de l'Opéra. Une véritable émeute artistique se produisit autour de l'indécence prétendue de ce groupe dès son apparition; il ne s'agissait de rien moins que de le supprimer. Lorsque, un beau matin, les passants aperçurent, se détachant sur la blancheur immaculée du marbre, une énorme tache d'encre...

Cet acte de vandalisme retourna subitement les esprits. L'œuvre, conspuée jusque-là, devint populaire et resta. Ne nous en plaignons pas; car c'est un des plus beaux morceaux de sculpture, et des plus vivants et des plus expressifs qu'on puisse voir.

La musique, en apparence stationnaire, se préparait à modifier profondément ses tendances et ses procédés. *Faust* avait été l'avant-coureur et le point de départ de cette transformation, dont les effets sont, jusqu'ici, assez problématiques. Wagner, encore très discuté, voyait augmenter tous les jours le nombre de ses adeptes; on avait déjà complètement perdu de vue le bruyant échec du *Tannhauser*. Hector Berlioz, mort depuis peu, commençait à être goûté.

Gounod, au pinacle, faisait un voyage à Rome. A peine y était-il arrivé, que l'on répandait le bruit de son entrée à la Trappe. Excellente plaisanterie, qui ne reposait, heureusement, sur aucun fondement. Il n'y avait jamais songé, le cher maître ; et l'*attrape* qui l'attendait en Angleterre n'avait absolument rien de monacal.

LES CLUBS

XX

Les clubs parisiens sous le second Empire. — Cercles et tripots. — Composition des clubs avant 1870. — La vie qu'on y menait. — La coterie dominante. — Les hommes à la mode. — L'argent et le *chic*. — Les soirées du Jockey-Club. — Les causeurs. — Le cercle de la rue Royale et ses habitués. — Quelques anecdotes. — Grands seigneurs et parvenus. — Le cercle Impérial. — Le cercle des Mirlitons. — Artistes et hommes du monde. — Wagner et le Prince Joseph Poniatowski.

Qui voudrait juger des clubs parisiens du temps de l'Empire par ceux de ce temps-ci risquerait de se fourvoyer étrangement. La plupart des cercles qui font florès de nos jours existaient déjà, il est vrai, avant l'année terrible ; mais leur physionomie a changé, les noms seuls sont restés.

D'abord, il n'y avait à cette époque que de vrais clubs s'administrant eux-mêmes, se recrutant dans les différentes fractions du monde élégant par des présentations suivies de ballottages rigoureux et vivant de leurs propres ressources, c'est-à-dire du produit des cotisations augmenté, dans une faible proportion, du prélèvement sur les consommations et les jeux. Les tripots, ouverts à tout venant et qualifiés de cercles pour la frime, qui se sont installés aux quatre coins de Paris sous la troisième république, étaient alors chose inconnue.

Ensuite, le nombre encore restreint des membres de chacun des clubs de cette brillante période permettait entre eux une intimité et une camaraderie, devenues impossibles aujourd'hui, qui donnaient à l'existence de cercle une gaieté et un charme inexprimables.

Presque tous les jeunes gens qui faisaient partie des grands clubs appartenaient au même monde, vivaient, quelle que fût leur fortune, à peu de chose près de la même vie, se connaissaient particulièrement et formaient une coterie compacte qui, ayant seule la prérogative de l'élégance et du bel air, donnait le ton à la haute vie. La suprématie de l'argent, menaçante déjà, mais timide et clandestine, ne pouvait essayer ses forces qu'à l'ombre du prestige des hommes à la mode.

Le Paris fashionable, le Paris du luxe et des plaisirs leur obéissait au doigt et à l'œil et le tripoteur enrichi, le parvenu millionnaire et non décrassé, s'ils avaient, comme de raison, leur large part dans la réalité des jouissances que procure la fortune, ne s'avisaient point de prétendre à la notoriété et au relief. Ils en étaient réduits à cheminer humblement dans le sillon lumineux tracé par les fringants *cocodès* et à payer fort cher, sans jamais arriver à la renommée et au chic, tout ce qu'il plaisait à ceux-ci d'achalander et de faire mousser.

De là, un sans-gêne, un entrain, un diable-au-corps inouïs chez les *clubmen* de haut bord, qui formaient une sorte de franc-maçonnerie unie et prépondérante. Ils se sentaient les coudes, comme on dit, ne se quittaient, pour ainsi dire, ni jour ni nuit et se livraient en toute liberté, dans leurs phalanstères mondains, à des divertissements abracadabrants, à des conversations familières souvent d'une incroyable hardiesse, voire à des farces de collégiens à désopiler la rate d'un ministre protestant.

Les vieilles perruques, qui avaient eu leurs jours de fredaines et à qui le pédantisme eût semblé ridicule, trouvaient cela tout naturel et étaient les premiers à s'en amuser.

Ainsi je me souviens qu'un soir d'hiver, dans un des clubs les mieux cotés, toute la jeunesse dorée, dans les rangs de laquelle se trouvaient un grand nombre d'officiers — devenus depuis de graves généraux, rendus à la vie privée ou morts hélas ! — armée de pelles et de pincettes et à cheval sur des chaises, se mit à défiler au grand galop, en vociférant des commandements et en criant à tue-tête « Vive l'Empereur » devant le général de division qui commandait la cavalerie de la Garde impériale et qui riait de tout son cœur de cette plaisanterie un peu osée.

Il est bon d'ajouter, toutefois, que ces familiarités, qui s'arrêtaient au seuil du club, ne nuisaient en rien à la discipline et, qu'au dehors, la *graine d'épinards* reprenait tous ses droits.

Pendant toute une saison, au *Jockey*, la distraction favorite des arrière-soirées, qui se prolongeraient fréquemment jusqu'à quatre ou cinq heures du matin, consistait à simuler la représentation de *Rigolo*, l'âne rétif qui faisait merveille au cirque des Champs-Elysées. Un jeune seigneur, à tour de rôle, mettait habit bas et désarçonnait successivement, à la grande joie de l'assistance, ceux de ses camarades qui lui grimpaient sur les épaules et essayaient de s'y maintenir malgré les sauts et les ruades les plus extraordinaires. Et ces viveurs à tous crins, ces raffinés, ces hommes à bonnes fortunes, dont les plus jolies femmes de Paris se disputaient les hommages et qui risquaient sans sourciller deux mille louis sur un coup de baccarat, jouaient de la sorte une heure durant, sans fausse honte, avec toute la naïve ardeur d'écoliers en vacances. Que penserait le *jeune homme moderne* de ces gamineries ?

Il n'était pas rare, à ce moment-là, de voir poindre, sur le coup de minuit, quelques joyeux compères ayant fort bien dîné, légèrement émus, très communicatifs et très peu soucieux d'observer rigoureusement la *fooorme*.

J'ai toujours présent à la mémoire un aimable duc, habituellement d'une tenue plus qu'irréprochable, arrivant un soir assez animé de la salle de la Tour d'Auvergne et se mettant gravement à tapoter, avec un jonc à pomme d'or, sur le crâne veuf de cheveux des vénérables qui faisaient leur partie de whist...

Eh ! bien, dans ce cercle, présidé par un vieux gentilhomme, paisible et correct s'il en fut, le marquis de Biron et qui avait pour vice-présidents des personnages d'une distinction, d'une rectitude et d'un sérieux légendaires comme le marquis de Juigné, le comte de Grammont d'Aster et le comte Thierry de Montesquiou, on ne trouvait point ces écarts inconvenants et on les aimait, au contraire, assez. Je ne conseillerais pas à nos jouvenceaux actuels de les risquer et je crois qu'il est fort heureux pour eux qu'ils n'en aient nulle envie.

Ce qui ajoutait encore à l'agrément des compagnies masculines de nos jeunes années, c'est que le causeur y était très répandu. « Aborder un sujet, a dit Auguste
» Villemot, le traiter sur le ton qui lui appar-
» tient, être concis sans sécheresse, léger
» sans mauvais goût, savoir se dérober quand
» le terrain devient perfide, tirer au vol le
» gibier qui passe, résumer dans un mot à la

» fois ingénieux et profond un fait ou une
» situation, parler cette langue à demi voi-
» lée que nous ont léguée les beaux esprits
» des deux derniers siècles, glisser sur les
» surfaces, sans effort et sans bruit, comme
» un cygne sur son lac, ne heurter personne
» dans ces mille évolutions d'une course au
» clocher, franchir avec grâce les obstacles,
» sauter lestement les fossés où chacun croit
» que vous allez culbuter : voilà un aperçu
» varié des qualités de quiconque mérite la
» réputation de causeur. »

Ces qualités-là se rencontraient, en totalité ou en partie, chez plus d'un habitué des clubs en renom. Le cercle de la rue Royale, en particulier, quoiqu'il eût déjà beaucoup perdu de son lustre par suite des péripéties et des transformations qu'il avait subies, était resté un centre de causerie et d'esprit. Plusieurs de ses assidus en avaient prodigieusement et le dépensaient au jour le jour, sans compter ; entre autres un intarissable marquis, dont les longs favoris blonds, le torse moulé et la tournure remarquablement distinguée étaient connus de tout Paris. Type étrange, séduisant et unique ; amalgame étonnant et agréable de raideur patricienne et d'aimable bonhomie, de grand seigneur de l'ancien régime et de *strugglforlifer* (pour me servir d'un barbarisme usité) ultra-moderne.

C'est de lui qu'est ce mot charmant sur la lune qui a été redit si souvent. Traversant, un soir de printemps, les Champs-Élysées en compagnie d'un ami :

— Regarde donc comme la lune est pâle, lui dit celui-ci.

— Je crois bien, elle a passé tant de nuits !...

Je n'en finirais pas si j'entreprenais de

citer tous ses traits et toutes ses reparties. Mais il est une saillie qui le peint mieux que tout, qui porte, au plus haut degré, son empreinte personnelle et que je ne puis me résoudre à laisser sous le boisseau.

C'était pendant une des nombreuses crises du cercle de la rue Royale. Le *Petit Club*, comme on l'appelait, périclitait légèrement. On cherchait à augmenter le nombre de ses membres. En même temps, les anciens se plaignaient de la table et le comité était à la poursuite d'un nouveau cuisinier qu'il ne parvenait pas à dénicher. Tout à coup on présente une liste de candidats plus obscurs et plus insignifiants les uns que les autres. Cette présentation est très commentée :

— Ah! mais, fait le marquis, en regardant froidement le tableau appendu à la muraille, il y a peut-être là-dedans un excellent cuisinier!

Ne croirait-on pas entendre Lauzun ou le duc de Richelieu? C'est du pur Louis XIV et cela rappelle l'impertinence naïve et musquée des courtisans des siècles passés dont une des plus amusantes expressions me semble être l'histoire de ce prélat de cour — Monseigneur de Clermont-Tonnerre, dit-on — qui, célébrant un jour la messe à Versailles, et impatienté du bruit que faisaient les fidèles en bavardant à qui mieux mieux, s'interrompit brusquement et s'adressant à l'assistance, s'écria :

— Ma parole d'honneur, ce serait un laquais qui dirait la messe qu'on ne l'écouterait pas avec moins d'attention !...

Après quoi, il continua majestueusement à officier.

Faut-il l'avouer? Cette vanité outrecuidante et sotte en soi des grands seigneurs d'avant la Révolution ne me choque pas outre mesure. Elle est si sûre d'elle-même, si bien enveloppée d'esprit et de fine malice, si naturelle, si élégamment gouailleuse, si imprégnée de je ne sais quel subtil parfum de bonne compagnie, qu'elle m'amuse et me désarme. On supporte moins facilement, je trouve, la morgue vulgaire, lourde et prudhommesque de certains bourgeois contemporains gonflés d'orgueil par leur opulence et qui n'ont rien de ce qui fait pardonner à l'arrogance.

En outre des clubs dont j'ai parlé, il y en avait, en 1869, deux autres d'un caractère spécial, composés d'hommes appartenant exclusivement à des catégories déterminées et qui, après bien des changements, ont fini par se fondre dernièrement en un seul qui s'appelle officiellement *le Cercle de l'Union artistique* et vulgairement *l'Épatant*.

On a compris qu'il s'agit du *Cercle Impérial* et de l'*Union artistique* (en langage familier, *les Mirlitons*). Je laisse de côté l'*Agricole*, qui était alors, à peu de chose près, ce qu'il est actuellement.

Le *Cercle Impérial*, ainsi que son nom l'indique, avait un caractère quasi gouvernemental. C'était la crème du monde élégant de l'Empire avec adjonction des hauts fonctionnaires, des amiraux, des généraux et des dignitaires de la Cour des Tuileries.

On n'y pénétrait qu'à la condition de n'être point suspect d'opposition. Le général Fleury en était le président et le comte de Nieuwerkerke, le vice-président : c'est tout dire. Après le quatre Septembre, il fallait vivre avant tout et on l'a baptisé : *Cercle des Champs-Elysées...*

Quant aux *Mirlitons*, l'idée en était venue au lendemain de la guerre d'Italie à un groupe d'artistes et d'hommes du monde, parmi lesquels Protais, Boulanger, Gérôme, Isabey, Eugène Lami, Fromentin, Gounod, Elie Cabrol, Maurice Cottier, Edouard Delessert, Alexis de Castillon de Saint-Victor, Jules Costé, le comte d'Osmond, le prince Edmond de Polignac, Paul Chevandier de Valdrôme, etc., etc...

Ces messieurs se réunirent dans un modeste rez-de-chaussée de la rue de Choiseul et y fondèrent le nouveau cercle, en vue de rapprocher les artistes professionnels des amateurs, de créer entre eux des relations suivies, des liens de confraternité. La présidence en fut dévolue au prince Joseph Poniatowski.

C'était une originale et séduisante individualité que celle de ce prince-compositeur, moitié musicien et moitié diplomate ; Polonais d'origine, Italien de naissance et Parisien de sentiments, d'esprit et de goûts; aimable, fin, accueillant, prodigue, insouciant, passionné pour son art, dans lequel il excellait, et à qui il n'a manqué, peut-être, pour être aussi apprécié qu'il était aimé, que des allures plus aristocratiques et un soupçon de solennité. Il avait trop de simplicité et de naturel pour son époque et pour son milieu.

Lorsque survint le coup d'État, le prince Joseph Poniatowski était ministre de Toscane à Paris. L'Empereur, qui le connaissait de longue date et qui avait pour lui beaucoup d'amitié, lui accorda d'emblée la grande naturalisation française et, en même temps, le nomma sénateur.

Cette nomination ne laissa pas que de paraître étrange au début et fut assez vivement critiquée. Le jour où M. Troplong, Président du Sénat, l'annonça à ses collègues, quelques pères conscrits poussèrent les hauts cris. — Il n'est pas Français ! disaient les mécontents. Mais le Président, intervenant dans la discussion avec un grand à-propos, rétablit aussitôt le calme et la bonne harmonie :

— Vous oubliez, messieurs, s'écria-t-il, que, lorsque le maréchal Poniatowski a sauvé l'armée française à Leipzig, on ne s'est pas préoccupé de savoir s'il était Français !

Tout le monde se tut sur ce *speech* et le nouveau sénateur fut définitivement accepté sans que personne songeât depuis à lui faire grise mine.

Au Cercle des Mirlitons, à côté du comité d'administration, fonctionnaient trois commissions : une de littérature, une de peinture et une de musique. A la fondation, la commission de musique renfermait la plupart de nos sommités musicales du moment : Auber, Halévy, Gounod, Delibes, Pasdeloup, Membrée et, avec eux, sait-on qui ?.. Wagner en personne !...

Nul d'entre nous, à coup sûr, ne prévoyait, dans ce temps-là, ni le tapage qui devait se faire plus tard autour du nom du maëstro allemand, ni la guerre franco-prussienne, ni, par conséquent, l'ostracisme dont seraient frappées en France les œuvres du musicien de l'avenir...

LA POLITIQUE

XXI

La politique du second Empire à vol d'oiseau. — Le gouvernement de Napoléon III à l'intérieur. — L'avénement de la bourgeoisie parlementaire. — L'empire condamné. — Les fautes de la diplomatie impériale. — Conséquences de notre attitude en 1866. — Ouverture de M. de Bismarck à M. Drouyn de Lhuys. — Responsabilité de l'opposition dans nos désastres. — Souvenirs personnels de l'auteur à cet égard. — La campagne d'Italie. — Le Danemark, le Mexique et Sadowa. — La politique de sentiment.

Il va sans dire que je ne prétends nullement faire ici un historique complet et raisonné de la politique des dernières années du second Empire, que ne comportent ni le cadre ni le ton de ce journal et que des plumes aussi solennelles que, généralement, peu impartiales ont tracé avant moi.

Je me bornerai à la parcourir à vol d'oiseau, en l'envisageant de préférence sous son aspect anecdotique et à indiquer brièvement les réflexions suggérées par les circonstances.

A l'intérieur, le gouvernement de Napoléon III, jusqu'au moment où ce souverain, déviant de sa ligne de conduite initiale, orienta sa boussole dans la direction des institutions parlementaires, me semble à l'abri de la critique. De l'aveu à peu près unanime de tous les hommes politiques perspicaces que n'a point aveuglés l'esprit de parti, le second Empereur a, tout compte fait, bien gouverné la France ; mieux, assurément, que ses prédécesseurs immédiats. C'était l'opinion du vieil empereur Guillaume ; c'était aussi celle de M. Thiers, peu suspect, pourtant, d'admiration excessive pour le mérite d'autrui.

Lamartine, malgré ses préventions contre le nom de Napoléon, disait « qu'il avait rencontré dans le prince Louis l'homme d'État le plus sérieux et le plus fort de tous ceux, sans exception, qu'il eût connus dans sa longue carrière. »

Pourquoi faut-il qu'à la fin de son règne, il se soit laissé entraîner à poursuivre l'établissement, non pas du parlementarisme anglais ni encore moins du parlementarisme orléaniste qu'il n'a jamais eu — comme l'a très judicieusement fait remarquer Émile Ollivier — l'intention de restaurer, mais d'un régime mixte, ouvert à toutes les intrigues, par trop désarmé et tout aussi dissolvant ?

Étant donnés le courant de l'opinion et la situation respective des partis, c'était fatalement abandonner la direction des affaires à la bourgeoisie parlementaire et se mettre à la merci des doctrinaires et des utopistes en proie à cette monomanie funeste que Léon Renault a si finement appelée l'*état d'esprit orléaniste.*

Après avoir sapé l'Empire autoritaire et démocratique, ces hommes s'emparèrent du pouvoir, s'y cramponnèrent, pour la plupart, avec acharnement et, sous une étiquette ou sous une autre, par eux-mêmes ou par leurs congénères, ouvertement ou sournoisement, ne le quittèrent jamais depuis.

C'est à la prépondérance et à l'application de leurs doctrines, aux menées de leur secte dans le Parlement et dans le pays que nous devons cette chose absurde, absolument incompatible avec la démocratie, qui s'appelle la constitution de 1875 et, par conséquent, le présent gâchis imputé à tort à la République.

Du jour où leur système prévalait et où ils saisissaient triomphalement le gouvernail, la barque était destinée à sombrer.

L'Empire, mutilé, mortellement atteint dans son principe, devait succomber et, malgré le plébiscite qui a suivi, sa chute n'était plus qu'une question de temps.

Cependant, sans la guerre, sans les erreurs et les défaillances de sa politique extérieure, il aurait pu durer encore.

De toutes les fautes commises par la diplomatie impériale, la plus irréparable a été notre incompréhensible attitude en 1866. En ne prenant pas position dès le début du conflit austro-prussien, en laissant s'accomplir les événements sans stipuler à l'avance, en échange de la neutralité observée, les compensations nécessaires, en n'intervenant même pas d'une façon active et efficace après coup, alors qu'il en était encore temps, nous donnions la mesure de notre faiblesse et de notre imprévoyance ; nous laissions se constituer à nos portes, et sans contrepoids, l'unité allemande ; nous forgions de nos propres mains les armes avec lesquelles on s'apprêtait à nous battre.

Dès lors, la guerre avec l'Allemagne devenait inévitable. Un an plus tôt, un an plus tard, quoi qu'on en ait dit, elle devait éclater et nous n'avions plus la possibilité de nous y soustraire. Mais nous pouvions et nous aurions dû nous y préparer.

Le pis est que le cabinet de Berlin, qui comprenait parfaitement que notre concours, ou, tout au moins, notre consentement tacite lui était indispensable, nous avait fait la partie belle. Avant de déclarer la guerre à l'Autriche, M. de Bismark fit sonder M. Drouyn de Lhuys, à qui l'ambassadeur de Prusse tint le langage suivant :

— Nous sommes sur le point d'entreprendre une guerre d'intérêts contre l'Autriche et nous ne voulons pas le faire sans votre assentiment. Si l'honneur national était engagé, nous ne consulterions personne et nous agirions à nos risques et périls. Mais, je le répète, il n'y a que des intérêts en jeu et nous tenons, avant de prendre une détermination, à connaître votre opinion.

Si ce n'est pas là le texte précis des paroles de l'ambassadeur, c'en est exactement le sens. Le fait m'a été raconté par un personnage politique digne de foi, qui le tenait de M. Drouyn de Lhuys lui-même et j'en garantis l'authenticité.

Et quand on songe que de pareilles ouvertures sont restées lettre morte, que le gouvernement français a fait la sourde oreille, qu'il n'a rien répondu de catégorique, rien conclu, rien objecté, rien réservé et qu'il n'a pris aucune garantie, on se demande si l'on ne fait pas tout simplement un mauvais rêve.

Un des publicistes qui ont le plus et le mieux écrit sur le second Empire, M. Alfred Darimon, dans son intéressant opuscule sur la maladie de Napoléon III, cite un mot de M. Belmontet, qui, au lendemain de la lettre adressée par l'Empereur à son ministre des affaires étrangères pour se prononcer dans le sens d'une *neutralité attentive*, se serait écrié :

« L'Empereur a pris le bon parti ; il s'est rangé du côté de la Prusse ».

C'était effectivement le meilleur parti à prendre; mais à la condition de le faire franchement, résolument, contre des engagements en bonne et due forme, solidement garantis et d'exploiter la situation de façon à tirer son épingle du jeu...

Sans doute, la part de responsabilité de l'opposition irréconciliable dans nos désastres est écrasante. C'est aujourd'hui le secret de polichinelle et, pour ma part, j'ai eu occasion d'en être frappé par une coïncidence fortuite que je n'oublierai de ma vie.

Étant depuis quelques mois à Téhéran, à la tête de la légation de France au moment de la rupture avec la Prusse, je recevais le même jour et à une heure d'intervalle, par le télégraphe, la nouvelle de la déclaration de guerre et, par le courrier ordinaire, le *Journal officiel* du mois précédent renfermant le compte rendu des débats du Corps législatif. Sous le coup de la vive émotion que venait de me causer le foudroyant télégramme, je lus les discours enflammés des orateurs de la gauche contre les armées permanentes, les critiques amères adressées au ministre de la Guerre, à qui l'on reprochait de *maintenir un trop grand nombre d'hommes sous les drapeaux* et, rapprochant ces documents d'une éloquence navrante de la dépêche que j'avais sous les yeux, je ne pus me défendre d'une profonde impression de tristesse et de dégoût, qui ne s'est jamais effacée.

Mais la coupable aberration des uns n'exclut pas l'aveuglement des autres et il n'en reste pas moins acquis que, sur le terrain des affaires étrangères, nos gouvernants se sont lourdement abusés.

La guerre d'Italie, que d'aucuns considèrent comme la source de tous nos maux, était, à mon avis, parfaitement défendable.

Elle avait, après tout, donné à la France deux provinces, une cinquantaine de millions, un prestige militaire immense ; et si, au lieu de froisser constamment l'amour-propre des Italiens par des récriminations et des brimades inutiles, tout en nous laissant arracher une à une des concessions déplorables dont on ne nous savait aucun gré, nous avions suivi, dès le principe, une ligne de conduite à la fois plus ferme et plus constante, plus immuable dans le fond et plus courtoisement amicale dans la forme, nous aurions pu nous créer de ce côté un appui intéressé, je dirai presque forcé, qui nous eût été d'un grand secours plus tard.

Mais le démembrement du Danemark ! Mais le Mexique ! Mais Sadowa ! Comment les expliquer ? Et comment ne pas s'étonner qu'un chef d'État tel que Napoléon III ait pu se méprendre, sur les conséquences de ses résolutions dans ces graves conjonctures ? Comment admettre que ses ministres et ses conseillers, qui n'étaient, certes, point les premiers venus, n'aient pas jeté dans la balance, pour la faire pencher du bon côté, tout le poids de leur influence ?

Peut-être cela tient-il aux vues générales de l'Empereur, à la théorie des nationalités, dont son cerveau porté aux conceptions d'ensemble, aux idées humanitaires et abstraites, était perpétuellement hanté. Peut-être aussi au penchant irrésistible et malheureux de notre race pour la politique de sentiment, alors qu'au point de vue international, « l'exclusivisme, l'égoïsme même s'imposent comme une nécessité. » (Comte de Chaudordy : *La France en 1889.*)

Nous sommes, sous ce rapport, des enthousiastes et des naïfs incorrigibles. De plus, partant d'une conception fausse, nous apportons dans nos jugements sur les affaires extérieures une nervosité et une sensiblerie toujours regrettables et, parfois, absolument déplacées, comme en ce qui concerne, par exemple, la question italienne.

Encore une fois, la seule entreprise dont nous ayons, sous le second Empire, tiré quelque profit, la seule qui n'ait pas été purement platonique, c'est la campagne d'Italie. Crier sans cesse à l'ingratitude des Italiens, ainsi que beaucoup d'entre nous ont coutume de le faire, est donc aussi déraisonnable que souverainement impolitique. D'ailleurs, le service que nous avons rendu à nos voisins eût-il été complètement désintéressé, qu'il serait bien ingénu de notre part d'en attendre de la reconnaissance.

La reconnaissance de nation à nation ? Mais ne voit-on pas qu'il y a des cas où elle serait une duperie, si elle n'était pas une impossibilité ?

XXII

Les débuts politiques de l'année 1869. — Insinuations de la presse contre M. Haussmann. — Polémique entre lui et M. Lockroy. — La période électorale. — Succès décisif de l'opposition. — Paris le soir des élections. — Curieuse réflexion de M. Thiers à propos de Jules Favre. — Dîner parlementaire à Saint-Cloud. — L'empereur et M. de Kératry. — Troubles de juin. — Popularité croissante de M. Émile Ollivier. — Interpellation des 116. — Réformes libérales. — Décret d'amnistie. — L'opposition lève le masque. — Élections supplémentaires de Novembre. — Henri Rochefort candidat et député. — Ouverture solennelle des Chambres. — Le Prince Impérial et le Prince Napoléon. — Le carrosse de l'Ambassadeur de Prusse.

Au point de vue politique 1869, s'annonce, dès son début, agité et houleux. Tandis que, au quai d'Orsay, les ambassadeurs des grandes puissances se réunissent, sans beaucoup de succès, en conférence pour essayer de résoudre les difficultés survenues entre la Turquie et la Grèce, un vent de libéralisme souffle sur toute la France. La bourgeoisie penche de plus en plus du côté du parlementarisme. Paris est inquiet, irritable et mécontent ; il regimbe pour des vétilles.

Un journal, l'*Avenir national*, reproche carrément à l'Impératrice d'emprunter l'éclat de sa toilette au luxe des diamants de la couronne. Il y a déjà une foule de gens qui demandent pourquoi on ne les vend pas, afin d'en appliquer le prix à une œuvre de bienfaisance.

L'opposition augmente à vue d'œil. M. Haussmann, devenu impopulaire, est l'objet d'insinuations malveillantes de la part de la presse. Il se défend vigoureusement en répondant aux journaux qui l'ont attaqué, et une polémique amusante s'engage, dans le *Figaro*, entre lui et M. Lockroy, alors simple journaliste. Tout le monde paraît d'accord pour combattre le pouvoir, qui résiste mollement.

Le Corps Législatif, bien que présidé par un homme éminent et modéré, d'une haute intelligence et d'une infatigable ardeur au travail, M. Schneider, fondateur du Creuzot, n'attire pas l'attention du public. On se désintéresse de ses travaux et on attend la Chambre qui doit être élue au mois de mai.

M. Émile Ollivier fait paraître un livre intitulé : *le 19 Janvier*, sorte de Mémoire justificatif de ses opinions, de ses votes, de sa stratégie. Dans un moment comme celui-là, où M. Rouher, le tout-puissant *Vice-Empereur*, n'est pas éloigné de se soumettre à la responsabilité ministérielle, ce livre, attachant du reste comme un roman, est une curiosité.

A l'ouverture de la période électorale, l'agitation s'accentue. Le courant anti-gouvernemental se dessine nettement et il devient clair que la lutte sera surtout entre les différentes fractions de l'opposition. Les réunions électorales sont des plus tapageuses. Gambetta y obtient un très grand succès de tribun. Thérésa, au lieu de ses chansons habituelles, chante la *Marseillaise*, aux acclamations des spectateurs. L'heure de l'automne de la société de la France impériale a sonné.

Les candidats à la députation se présentent en très grand nombre. Pour la première fois, les murs de Paris sont couverts d'affiches multicolores. Il y en a pour tous les goûts. M. Devinck, chocolatier et candidat, offre au pays de faire son bonheur; mais le pays préfère qu'il fasse son chocolat.

A Paris, l'opposition triomphe sur toute la ligne. Thiers, Gambetta, Ernest Picard, Jules Simon, Jules Ferry, Garnier-Pagès, Pelletan, Jules Favre, sont élus. Émile Ollivier, battu dans la capitale, est nommé dans le Var. En résumé, le gouvernement n'a pu faire passer à Paris un seul de ses candidats et, dans les départements, le nombre des voix opposantes ou indépendantes s'est accru d'un million...

Le soir des élections, l'enthousiasme est considérable. La foule est compacte sur les boulevards, autour des kiosques, et la circulation est interrompue pendant plus de deux heures. Les bureaux du *Siècle*, du *Réveil*, du *Rappel*, sont envahis. Au boulevard Saint-Martin, quelques fanatiques illuminent.

M. Thiers attend le résultat du vote, entouré de ses amis, à la mairie de sa circonscription. Et, comme on vient lui annoncer le demi-insuccès de Jules Favre, qui n'a obtenu qu'une faible majorité :

— Que voulez-vous? dit-il, c'est encore un clérical !..

Peu de jours après, un grand dîner donné à Saint-Cloud réunit à la table du Souverain cinquante députés. Parmi eux, beaucoup de nouveaux élus et de membres du centre gauche : MM. Cochery, Horace de Choiseul, Werlé, Lefèvre-Pontalis, Clément Duvernois, ce dernier très entouré et très complimenté.

M. Rouher fait les présentations. M. de Kératry veut s'affranchir de cette formalité qui lui déplait, et s'avance directement vers l'Empereur. Sa Majesté sourit. M. Rouher reste froid.

En juin, des troubles de mauvais augure

éclatent dans Paris. Les blouses blanches parcourent les boulevards, lançant des pierres, renversant les kiosques, brisant les devantures des magasins. On se mutine dans les lycées. La politique libérale fait de rapides progrès. M. Emile Ollivier grandit, sa popularité se fortifie. Les 116 déposent leur demande d'interpellation.

L'Empereur se laisse forcer la main de très bonne grâce. Le cabinet est renversé ; M. Rouher, sacrifié, est nommé président du Sénat. Mais le tiers-parti ne désarme pas pour autant.

Le 2 août, un sénatus-consulte modifie la Constitution, établit la responsabilité ministérielle, l'élection du Président et du Vice-Président de la Chambre des Députés. Il est bientôt suivi d'un décret d'amnistie pour tous les délits politiques, contresigné par les nouveaux ministres à l'occasion du centenaire de la naissance de Napoléon Ier. On voit reparaître sur la scène les proscrits du 2 Décembre, à qui l'on vient de rouvrir les portes de la France.

Dès lors, l'opposition lève le masque. Elle devient ouvertement anti-dynastique, et marche vers son but avec une franchise brutale. En même temps, la division se met dans les conseils du gouvernement, qui s'affaiblit et commence à s'en aller à la dérive.

Les élections complémentaires du mois de novembre sont accompagnées de désordres graves, de menaces, de malaises. Henri Rochefort, expatrié en Belgique à la suite d'une condamnation correctionnelle, rentre à Paris muni d'un sauf-conduit pour se présenter à la députation. Ses électeurs lui donnent, parfois, du fil à retordre. Les purs du radicalisme le suspectent, savez-vous de quoi ?... d'orléanisme, et, dans une grande réunion publique, on lui pose catégoriquement les questions indiscrètes que voici :

1° *Étant jeune, avez-vous adressé des vers au duc d'Aumale et vous a-t-il envoyé un porte-crayon ?*

2° *Étiez-vous aux funérailles de la reine Marie-Amélie ?*

3° *Avez-vous été agréable aux princes d'Orléans dans les premiers numéros de la Lanterne ?*

4° *Est-il vrai que le citoyen Siraudin, votre ami, et l'un des inspirateurs de la Lanterne, soit un orléaniste enragé ?*

Naturellement, il se disculpe ; malgré tout, il est élu et on le met sur le pavois.

Enfin, arrive le jour de l'ouverture des Chambres. La cérémonie revêt un caractère de solennité et d'apparat exceptionnels.

Dès dix heures du matin, les sergents de ville et les gardes de Paris ont grand'peine à maintenir les curieux qui se pressent aux abords du Louvre. Une double haie, formée par la garde nationale à droite et par la garde impériale à gauche, s'étend des Tuileries au pavillon Denon.

Trois voitures à deux chevaux précèdent celle de l'Empereur.

Dans la première, le vicomte du Manoir et le baron Morio de l'Isle, chambellan et préfet du Palais de service.

Dans la deuxième, le général Malherbe, adjudant général du Palais, et le vicomte de Laferrière, premier chambellan.

Dans la troisième, le grand chambellan, duc de Bassano; le grand veneur, général prince de la Moskowa; le maréchal Bazaine, commandant la garde impériale et le général Frossard, gouverneur du Prince Impérial.

L'Empereur a à ses côtés le Prince Impérial, en uniforme de grenadier de la garde, et, en face de lui, le maréchal Vaillant, grand maréchal du Palais.

A la portière de droite, chevauchent le général Waubert de Genlis, aide-de-camp de service ; le colonel Werly, commandant l'escadron des cent-gardes ; le commandant Charles Duperré, aide-de-camp du Prince Impérial.

A la portière de gauche, le comte d'Aulan, écuyer de service ; les capitaines de Pierrebourg et d'Hendecourt, officiers d'ordonnance, et M. Bachon, écuyer du petit Prince.

Les cent-gardes ferment la marche.

La salle des États, où l'on fait de grands travaux, provisoirement installée avec des peintures à la détrempe d'une allure magistrale, est occupée par les grands Corps de l'État; les galeries regorgent de monde; beaucoup de jolies femmes, d'élégantes toilettes et de visages de connaissance.

Le discours du trône, qui n'est que le développement du sénatus-consulte, et qui renferme la fameuse phrase : « L'ordre, j'en réponds. Aidez-moi à fonder la liberté », prononcée d'une voix ferme et vibrante, est couvert d'applaudissements.

A la sortie, on remarque une froide poignée de main échangée entre le Prince Impérial et le Prince Napoléon. Quelqu'un dit : « Voilà, certes, un serrement de jeu de paumes. »

Au dehors, la foule est frondeuse et agressive. Elle lance des lazzi, du sable et de la boue sur les carrosses de gala. L'ambassadeur de Prusse, outrageuseusement éclaboussé, se plaint au ministre des affaires étrangères. C'est le prologue du drame sanglant qui se prépare...

Que restait-il alors, au bout de deux ans à peine, de cette éblouissante féerie de l'Exposition universelle, avec son cortège imposant d'empereurs et de rois accourus de tous les coins de l'Europe sur un désir du souverain de la France? Qu'allaient devenir notre prospérité et notre prestige, ce luxe, ces richesses, ces splendeurs, qui avaient excité tant de convoitises, tout ce qui nous fait vieux et tout ce qui nous rend tristes?

Hélas! tout, ici-bas, est vanité, tout est néant. Puissance, gloire, succès, fortune, tout est dévoré par le temps et par les événements; les monuments eux-mêmes, plus durables, cependant, que les hommes qui les ont élevés, ne sont point à l'abri de la destruction et de la ruine....

Nous en avons fait la dure expérience. D'autres l'avaient faite avant nous et la feront certainement après. Puissions-nous profiter de la leçon et, avec l'aide de la Providence, recouvrer la sagesse et la virilité qui ont été les instruments de notre grandeur dans le passé, qui peuvent la rétablir dans l'avenir.

La France a traversé victorieusement des crises autrement graves, autrement inextricables que celle qui pèse sur elle aujourd'hui. Son rôle n'est point achevé, et le moment est proche, peut-être, où, rendue à elle-même, elle reprendra triomphalement le rang qui lui appartient dans le monde.

C'est un Allemand (Henri Heine) qui l'a dit : *Les Français sont les comédiens ordinaires du bon Dieu.*

FIN

TABLE

PAR ORDRE ALPHABÉTIQUE DES NOMS CITÉS DANS LE VOLUME

A

Abd-el-Kader, 96.
About (Edmond), 59.
Aguado (vicomte), 76, 84.
Aigle (comte Robert de l'), 161.
Albe (duchesse d'), 92, 219.
Alboni, 209.
Andlau (comte d'), 73.
André (M. et madame Édouard) 176, 239.
Antigny (Blanche d'), 221.
Antonine (mademoiselle), 229.
Apponyi, 113.
Arjuzon (vicomte d'), 8, 33.
Auber, 8.
Aulan (comte d'), 239.
Aumale (duc d'), 225, 287.
Ayguevives (comte d'), 8.

B

Bacciochi (comte), 8.
Bachon, 14, 269.
Banville (Théodore de), 236.
Barbier (Auguste), 233, 234, 235.
Barrachin (madame), 73.
Bartholoni (madame Anat.), 40, 76.
Bassano (duc de), 6, 288.
Bauer (Mgr), 67.
Bazaine (maréchal), 283.
Beaumont (comte et comtesse de), 147, 151, 178, 197.
Beaumont (vicomte Frédéric de), 197.
Beauvau (princesse Charles de), 177.
Béhague (de), 225.
Belmontet, 272.
Berlioz (Hector), 240.
Bernis (madame de), 237.
Beyens (baron de), 112.
Biron (marquis de), 254.
Bisaccia (duc et duchesse de), 147, 151, 153, 155.
Bismarck, 271.
Blount (Aston), 76, 77.
Bocher (Emmanuel), 189.
Bonaparte (prince Charles), 10.
Bonnat (Léon), 233.
Bouguereau, 239.
Boulanger (Gustave), 239.
Bourbaki (général), 13.
Bourée, 92, 134.
Bourgoing (baron et baronne de), 9, 40.
Brasseur, 70.
Brezé (madame de), 143, 173.
Brunet, 193.

C

Cabrol (Élie), 259.
Cambacérès (duc de), 40, 190.
Canisy (marquise de), 40, 190.
Canrobert (maréchale), 40, 45.
Caretto (madame), 13, 63.

Carle des Perrières, 194, 195, 196.
Caro (madame), 233.
Carpeaux, 239.
Castelbajac (marquis de), 9.
Castelnau (général), 9.
Castiglione (comtesse), 40, 41, 44.
Castillon de Saint-Victor (A.), 259.
Caux (marquis de), 19, 76, 77.
Champagny (de), 233, 234.
Chapron (Léon), 194.
Chasseloup-Laubat (marquis et marquise de), 152.
Chenavard, 234.
Chevandier de Valdrôme (Paul) 259.
Chigi (Mgr), 106, 126.
Choiseul (Horace de), 234.
Clary (baron), 93.
Clary (comte et comtesse), 10, 63, 175.
Clermont-Tonnerre (comte Gédéon de), 199.
Cochery, 234.
Conneau (Louis), 76.
Conti, 11.
Coppens de Lostende (madame).
Coriolis (baronne de), 117.
Cossé-Brissac (comte de), 13, 24, 219.
Costé (Jules), 239.
Cottier (Maurice), 259.
Courcy (vicomte et vicomtesse de), 179.
Cowley (lord), 103, 104.

D

Darboy (Mgr), 6.
Darimon (Alfred), 272.
Davilliers, 8, 76.
Delessert (Edouard), 72, 259.
Delibes (Léo), 262.
Detaille (Edouard), 233.

Davinck, 232.
Deym, 113.
Djemil-Pacha, 92, 106.
Douay (général), 92.
Dormenil, 184, 186.
Douleauville (duc et duchesse de), 179.
Dreysse, 78.
Drouyn de Lhuys, 271.
Ducros-Aubert, 127.
Duperré (commandant Charles) 14, 289.
Duran (Carolus), 239.
Duruy (Victor), 239.
Duvernois (Clément), 234.

E

Elluini (Gabrielle), 213.
Epine (comtesse de l'), 45.
Espeuilles (lt. colonel d'), 14.
Espeuilles (vicomte d'), 14, 76.
Essling (princesse d'), 11.

F

Faure (Jules), 233, 234.
Ferrotnays (madame de la), 145.
Ferry (Jules), 233.
Feuillant (Xavier), 194.
Feuillet (Octave), 68, 73.
Feydeau (Ernest), 232.
Fitz-James (vicomte de), 76.
Fitz-James (comte Robert de), 112.
Fleurieu (comte de), 116.
Fleury (général), 7, 16, 17, 158.
Fromentin (Eugène), 259.
Frossard (général), 13, 19, 22, 289.

G

Galles (prince de), 130.
Galli-Matié, 165.
Galliffet (marquis et marquise de), 40, 76, 81, 85, 87, 112, 149, 152, 153, 154, 157.

Gambetta (Léon), 232, 233.
Ganay (vicomtesse de), 149.
Garnier-Pagès, 233.
Gautier (Théophile), 233, 234.
Geoffroy, 72.
Gérôme, 259.
Goltz (comte de), 107, 124, 125.
Goncourt (J. et E. de), 231, 233.
Gounod (Charles), 240, 259, 262.
Gramont (duc de), 17.
Grammont d'Aster (comte de), 252
Grammont-Caderousse (duc de) 201.
Guizot, 234.

H

Haas (Charles), 187.
Hallez-Claparède (comte), 193.
Harcourt (vicomte Emmanuel d'), 135, 179.
Hatzfeld (comte et comtesse de), 112.
Haussmann (baron), 162, 180.
Haussonville (comtesse Othenin d'), 115, 148, 233, 234.
Hendecourt (comte d'), 230, 239.
Hénin (prince d'), 179, 180.
Hérisson (Georges d'), 200.
Hirsch (baron de), 121.
Hoyos (comte), 113.
Houssaye (Arsène), 63, 164, 237.
Huescar (duc de), 92.
Hugo (Victor), 236.

I

Istrie (duchesse d'), 145.
Isabey (Eugène), 259.

J

Jollivet (Gaston), 194.
Juigné (marquis de), 252.
Jurien de la Gravière (amiral), 9.

K

Kératry (de), 234.
Kersaint (de), 177.
Kewenhüller, 113.

L

Labédoyère (M^e de), 12.
Laboulaye (de), 134.
Laferrière (vicomte de), 8, 283.
Lagrange (marquis de), 13.
Lagrange (comte Frédéric de), 145.
Lamartine (A. de), 235, 267.
Lambert (baron), 76, 77.
Lami (Eugène), 259.
Lareinty (baron de), 199.
Larrey (docteur), 93.
Las Marismas (marquis de), 76, 77.
Lauriston (Arthur de), 10.
Le Bœuf (général), 9.
Lebreton (madame), 13.
Lefèvre-Pontalis, 234.
Legouvé, 73.
Le Pic (général), 7.
Larminat (mademoiselle de), 63, 93.
Lesseps (F. de), 96, 99, 100.
Lhéritier, 73.
Lockroy (Edouard), 231.
Louvencourt (comte Arthur de), 145, 179.
Luguet, 71.
Lupin, 183.
Lyons (lord), 106.

M

Mac-Mahon (maréchal de), 135.
Magnan (madame), 41, 45.
Malherbe (général), 233.
Manoir (vicomte du), 8, 233.
Marcelin, 81.
Marion (mademoiselle), 93.
Massa (marquis Ph. de), 73, 74, 79, 85, 89, 112, 162, 183, 187.

Mathilde (princesse), 52, 65, 92.
Mellinet (général), 70, 73, 81, 85, 87.
Mérante, 46.
Mercy-Argenteau (comtesse Eugène de), 189.
Mérimée (Prosper), 69, 74.
Metternich (prince et princesse de), 45, 47, 52, 69, 76, 80, 81, 82, 106, 109, 115, 116, 119, 120, 123, 140, 153, 177, 221.
Meyer (Arthur), 195.
Milher, 222.
Modène (marquis de), 106.
Molitor (comtesse).
Moltke (comte et comtesse de), 125, 117.
Montebello (duc de), 135.
Montebello (comtesse de), 12.
Montesquiou (comte Thierry de), 252.
Montgomery (madame de), 151, 153.
Morès (marquis de), 173.
Morio de l'Isle (baron), 253.
Morny (duc et duchesse de), 70, 73, 221.
Moskowa (prince et princesse de la), 7, 12, 258.
Mouchy (duc et duchesse de), 40, 53, 181, 182, 187.
Moustiers (marquis de), 127, 131, 133, 134.
Mullinen (de), 112.
Multon (madame), 112.
Murat (prince Joachim), 92.
Muraska (mademoiselle de), 211.

N

Nataillac (madame de), 92.
Neveu (Hortense), 71.
Nicolini, 213.
Nieuwerkerke (comte de), 258.
Nigra (commandeur), 106, 121, 122, 123.
Nilsson (Christine), 216.

Noriac (Jules), 233, 234.

O

Ollivier (Emile), 59, 101, 267, 281, 283, 285.
Oppenheim (Hermann), 188.
Osmond (comte d'), 259.

P

Pajol (général), 10.
Pailleron (Edouard), 219.
Patti (Adelina), 200, 213.
Pelletan (Eugène), 283.
Pereira (madame), 45.
Pornelty (vicomtesse), 40.
Perrin (Emile), 215, 216.
Persigny (duchesse de), 40.
Picard (Ernest), 283.
Piennes (marquis de), 13.
Pierres (baron de), 13.
Pierrebourg (capitaine de), 289.
Piétri, 25.
Piscatory (madame), 237.
Pozze (comtesse de la), 12, 92.
Poilly (baronne de), 76, 84.
Polignac (prince Edmond de), 259.
Poniatowska (princesse), 60.
Poniatowski (prince Joseph), 259, 260, 261.
Pontmartin (A. de), 233.
Pourtalès (comtesse de), 40, 76, 112, 118, 159, 160, 187.
Pozzo (duchesse), 115.
Protais, 259.

R

Raimbeaux, 9.
Ranc (Arthur), 237.
Randouin (madame), 163.
Regnault (Henri), 237, 239.
Renault (Léon), 268.
Reuss (prince de), 76.
Roqueplan (Nestor), 237.
Rothschild (madame Alphonse de), 47.

Rouher (Eugène), 231, 284, 285.
Rouher (mademoiselle), 176.

S

Sagan (prince et princesse de), 112, 149, 180, 191.
Saint-Amand (baron Imbert de), 53.
Sainte-Beuve, 59, 61, 65, 92.
Saint-Vallier (de), 127, 135.
Sardou (Victorien), 219, 220.
Sass (Marie), 165.
Sauley (M. et madame de), 73, 92, 93.
Schneider (Eugène), 231.
Schneider (Hortense), 223.
Scholl (Aurélien), 187.
Sesto (duc de), 68, 70.
Simon (Jules), 237.
Siraudin, 224, 225, 227, 237.
Solms (comte de), 76, 77.
Stackelberg (comte), 106.
Stoffel, 25.

T

Tascher de la Pagerie (comtesse Stéphanie), 44.

Thérésa, 220, 282.
Thiers, 261, 263.
Trévise (marquis de), 319.
Troubetzkoï (princesse Lise), 263.

V

Vaillant (maréchal), 6, 239.
Valette (de la), 125.
Vallombrosa (duc de), 179.
Vatry (baronne), 40, 45.
Viollet-le-Duc, 73, 76.

W

Wagner (Richard), 240, 262.
Walewska (comtesse), 12, 25.
Walewski (comte), 26, 43, 135.
Walsh (comte Olivier), 8.
Walterskirchen (de), 113.
Woronine (madame), 163.

Z

Zola (Emile), 231, 232.

TABLE DES MATIÈRES

Préface   v

I

La cour de Napoléon III. — En quoi elle différait de celle de Louis-Philippe. — Goût de l'Empereur pour l'étiquette. — L'importance qu'il y attachait. — La maison de l'Empereur. — Son organisation et sa hiérarchie. — Les grands dignitaires. — Les charges secondaires. — Le drapeau parlementaire à Sedan. — La maison de l'Impératrice. — La maison du Prince Impérial. — Marcel des *Huguenots*.   3

II

Les hommes éminents de la Cour des Tuileries. — Le général Fleury. — Un mot du duc de Gramont attribué au général diplomate. — Le général Frossard. — Tendresse de Napoléon III pour son fils. — Attachement respectueux du jeune prince pour son gouverneur. — Le colonel Stoffel. — Ses rapports sur les préparatifs de l'Allemagne. — La collaboration du colonel Stoffel avec le souverain. — *La Vie de César*. — Une bande joyeuse.

— M. Piétri, secrétaire particulier de l'Empereur.
— La comtesse Walewska. — Le comte Walewski.
— Sa présence d'esprit et sa fine répartie à un mauvais plaisant. 13

III

La vie aux Tuileries. — Caractère jovial de l'Empereur. — La conversation de l'Impératrice avec son entourage. — Un déjeuner mouvementé. — Relâchement de l'étiquette dans le particulier. — Les Cours étrangères. — Les réceptions au château. — Les grands bals. — Un joli décor. — L'ouverture du bal. — La promenade des Souverains à travers les salons. — Petites manœuvres des intrigants. — La grâce de l'Impératrice et sa façon particulière de saluer. — Comment on s'amusait aux grands bals. — Les installations par catégories. — Grandes brochettes et petit mérite. — Scènes comiques et incidents burlesques. — Incartade d'une étrangère. — Réplique spirituelle d'un Parisien. 27

IV

Les lundis de l'Impératrice. — Les habituées des lundis. — La comtesse Castiglione. — Un bal costumé aux Tuileries. — La comtesse Castiglione en Romaine de la décadence. — Le quadrille des Abeilles. — Le prince Impérial au bal costumé. — L'Impératrice en costume de dogaresse. — La princesse de Metternich et madame Alphonse de Rothschild. — Les lundis à l'origine. — L'uniforme des invités. — Le marquis de Caux et le cotillon. — Fêtes données, en 1867, aux souverains étrangers. — Transformation des lundis. — Le cotillon se démocratise. — Grognards et libéraux. — C'est la faute à Émile Ollivier 39

V

Le lundi du 26 avril 1869. — Le bouquet d'un feu d'artifice. — La toilette de l'Impératrice. — Un mot de la princesse de Metternich. — L'Impératrice et le baron de Saint-Amand. — Départ pour Saint-Cloud. — Bal donné en l'honneur du Khédive. — Une Altesse sans culotte. — Vieilles perruques et jeunes moustaches. — Réponse étonnante de la toute jeune fille d'un député bourguignon. — La Cour à Compiègne. — La vénerie impériale. — Chasses à courre. — Les séries d'invités. — Coquetteries de l'Empire avec l'opposition. — L'arrivée des invités à Compiègne. — L'aide de camp et l'écuyer de service. — Le départ pour le château et l'installation des invités. — La vie à Compiègne. — Plaisante aventure de Sainte-Beuve 51

VI

Les soirées à Compiègne. — Attitude bienveillante et familière des Souverains à l'égard des invités. — Les jeux d'esprit. — Les littérateurs sur la sellette. — Le prince de Metternich premier en composition française. — L'Empereur et les jolies femmes des séries. — Amusantes petites comédies. — Napoléon III et la duchesse de Sesto. — La fin des soirées. — Le théâtre de Compiègne. — Spectacle permanent. — Les acteurs de Paris. — La dernière représentation. — Spectacle intime. — M. Viollet-Le-Duc. — *Les Commentaires de César* par le marquis de Massa. 67

VII

L'été de 1865 — L'élaboration des *Commentaires de César*. — Les couplets de la princesse de Metternich. — Les répétitions à Paris et à Compiègne. — La représentation. — La mise en scène. — La France impériale sous les traits de madame de Pourtalès. — Le général Mellinet en invalide et le marquis de Galliffet en fantassin. — Succès de la princesse de Metternich. — La baronne de Poilly en *Sélika* et le vicomte Aguado en *Nelusko*. — Le Prince Impérial en grenadier. — L'Empereur dans les coulisses. — Incident comique au foyer. — Satisfaction de l'Empereur. — Départ du marquis de Massa pour le Mexique. — Reprise de sa revue à Paris, en 1867 79

VIII

Compiègne en 1869. — En l'absence de l'Impératrice, la princesse Mathilde fait les honneurs de la seule série de la maison. — Mort de Sainte-Beuve. — La princesse Mathilde et les héritiers du grand critique. — Le voyage de l'Impératrice. — La réception à Constantinople. — L'inauguration du canal de Suez. — Apothéose de l'Impératrice Eugénie. — La fin du voyage impérial. — Réflexions mélancoliques de l'auteur. — Retour de l'Impératrice à Paris. — Le singe de Sa Majesté et M. Émile Ollivier 91

IX

Le corps diplomatique étranger sous le second Empire. — Les principaux ambassadeurs. — Les ambassades de 1860 à 1870. — Fêtes de l'ambassade d'Angleterre et de l'ambassade de Prusse. — L'ambassade d'Autriche. — La princesse de Metternich. — Les soirées intimes de l'ambassade d'Autriche. — Les habitués de ces soirées. — Les anniversaires. — Charades et tableaux vivants. — L'intérieur du prince et de la princesse de Metternich. — Les prouesses hippiques du comte Sandor. — Un accident de voiture après décès. — Les dîners de l'ambassade d'Autriche. — Les *Redoutes*. — Un grand bal costumé offert à l'Impératrice. — Mésaventure d'un marchand de coco 105

X

Le prince de Metternich. — L'ambassadeur et l'homme privé. — Son rôle auprès de l'Impératrice dans la journée du 4 septembre 1870. — Sympathie de M. Thiers pour le prince Metternich. — Intrigues qui amènent son rappel. — Le commandeur Nigra. — Attitude du faubourg Saint-Germain, vis-à-vis de l'ambassadeur d'Italie. — Un ambassadeur à bonnes fortunes. — M. Nigra et la politique du comte de Cavour. — État d'esprit de M. Nigra au départ de l'Impératrice. — Le comte de Goltz. — Son ambassade et sa fin prématurée. — Le comte de Moltke. — Mgr Chigi. — Tribulations de ce prélat au sujet du marquis de La Valette 117

XI

Le ministère des affaires étrangères. — Les fêtes de l'hôtel du quai d'Orsay. — Le marquis de Moustiers. — Les raouts et les grands dîners donnés par ce ministre. — L'Empereur et M. de Moustiers. — Composition brillante de son cabinet. — Ambassadeurs et ministres de l'ancienne carrière. — Bals costumés du comte Walewski en 1856. — La comtesse Walewska en *Diane chasseresse*. — Un chiffonnier du grand monde. — Le cabinet du ministère des affaires étrangères les jours de bals costumés. — Le boudoir de l'Impératrice. — La souveraine en domino. — Les solliciteuses — Les Sosies de l'Empereur. — Amusantes méprises. 139

XII

La société parisienne dans les dernières années de l'Empire. — Tendances marquées dans le sens de la tolérance et de la fusion. — Rareté croissante des bouderies. — Révolution dans le monde élégant par l'apparition d'une nouvelle génération de jolies femmes. — Concurrence aux *cocodettes*. — Renouveau d'animation et d'entrain. — L'hiver de 1868. — Bals costumés. — Le ministère de la marine et la marquise de Chasseloup-Laubat. — Nuit fantastique. — Un commissionnaire et un garde champêtre mystérieux. — Pâtissier et diplomate. . . . 143

XIII

La saison mondaine de 1869. — Une grande *redoute* à l'ambassade d'Autriche. — Bal de domestiques. — Un valet de pied homme du monde. — Les bals de l'Hôtel-de-Ville et le baron Haussmann. — Fête donnée en l'honneur du prince et de la princesse Frédéric-Charles de Prusse. — Toilettes à sensation. — Les mardis d'Arsène Houssaye. — Le double hôtel de l'avenue Friedland. — Souvenirs et regrets. 157

XIV

L'ancien Opéra. — Les bals de l'Opéra à la fin du second Empire. — Une nouvelle Tour de Nesle. — Une ténébreuse affaire au bal de l'Opéra. — Inauguration du cercle des Patineurs. — Clôture de la saison mondaine. — Le printemps de 1869. — Parties en *mails* aux environs de Paris. — *La Vallée aux Loups*. — Histoire piquante et inédite. . . . 169

XV

L'été qui a précédé celui de la guerre. — Le château de Mouchy. — *Les Cascades de Mouchy*. — Le père Dormeuil. — Anecdotes invraisemblables. — Un bal phénoménal offert au vice-roi d'Égypte. — Deux beautés hors concours. — La fête de Mello. — Le chant du cygne. 181

XVI

Une bande de jeunes gens d'humeur batailleuse. — Duels répétés et sérieux. — Série de duels retentissants en 1869. — *Figures de cire*. — Dénouements dramatiques. — Dernière rencontre. — Émotion comique des gens de robe. — Un président qui ne plaisante pas. — Plaidoirie éloquente d'un homme du monde. — La paille humide des cachots. — La fête du 15 août. — Le Napoléon de Courbevoie. 193

XVII

Les théâtres parisiens en 1869. — Les Italiens. —

La salle Ventadour. — La Patti. — Les trois anabaptistes. — L'étoile devient planète et veut avoir un satellite. — Les adieux. — Une étoile du Nord et un chien de Terre-Neuve. — Le Ballo in maschera aux Italiens. — Nicolini et mademoiselle de Murska. — Le souper d'adieux de mademoiselle Elluini. — Une étonnante correspondance électrique. — Le mot de la fin. 203

XVIII

L'Opéra. — Le Ballet. — Les coulisses de l'Opéra. — L'Empereur à l'Opéra. — L'Empereur et l'Impératrice à la reprise de la Dame de Monsoreau. — Les pièces à sensation de l'année 1869. — Victorien Sardou et Ed. Pailleron. — Apparition de Thérésa au théâtre. — Le Petit Faust et la Dica. — Déclin d'Offenbach. — Anecdotes théâtrales . . 215

XIX

Le livre et le journal. — Ceci tuera cela. — La littérature à la fin de l'Empire. — Les maîtres naturalistes. — L'Académie française. — Un mot sur M. Guizot. — Une lettre de l'Empereur. — Mort de Lamartine. — Les livres éclos en 1869. — Les Beaux-Arts. — Le Salon de 1869. — Le groupe de Carpeaux à l'Opéra. — Histoire d'une tache d'encre. — La musique. — Mort de Berlioz. — Le maëstro Gounod à la Trappe. 229

XX

Les clubs parisiens sous le second Empire. — Cercles et tripots. — Composition des clubs avant 1870. — La vie qu'on y menait. — La coterie dominante. — Les hommes à la mode. — L'argent et le chic. — Les soirées du Jockey-Club. — Les causeurs. — Le cercle de la rue Royale et ses habitués. — Quelques anecdotes. — Grands seigneurs et parvenus. — Le cercle Impérial. — Le cercle des Mirlitons. — Artistes et hommes du monde. — Wagner et le Prince Joseph Poniatowski 245

XXI

La politique du second Empire à vol d'oiseau. — Le gouvernement de Napoléon III à l'intérieur. — L'avènement de la bourgeoisie parlementaire. — L'Empire condamné. — Les fautes de la diplomatie impériale. — Conséquences de notre attitude en 1866. — Ouverture de M. de Bismarck à M. Drouyn de Lhuys. — Responsabilité de l'opposition dans nos désastres. — Souvenirs personnels de l'auteur à cet égard. — La campagne d'Italie. — Le Danemark, le Mexique et Sadowa. — La politique de sentiment. 265

XXII

Les débuts politiques de l'année 1869. — Insinuations de la presse contre M. Haussmann. — Polémique entre lui et M. Lockroy. — La période électorale. — Succès décisif de l'opposition. — Paris le soir des élections. — Curieuse réflexion de M. Thiers à propos de Jules Favre. — Dîner parlementaire à Saint-Cloud. — L'empereur et M. de Kératry. — Troubles de juin. — Popularité croissante de M. Émile Ollivier. — Interpellation des 116. — Réformes libérales. — Décret d'amnistie.

— L'opposition lève le masque. — Élections supplémentaires de novembre. — Henri Rochefort, candidat et député. — Ouverture solennelle des Chambres.— Le Prince Impérial et le Prince Napoléon. — Le carrosse de l'Ambassadeur de Prusse. 279

www.ingramcontent.com/pod-product-compliance
Lightning Source LLC
Chambersburg PA
CBHW070529160426
43199CB00014B/2234